AU TONKIN

1884 — 1885 — 1886

PARIS

IMPRIMERIE GÉNÉRALE LAHURE

9, RUE DE FLEURUS, 9

AU TONKIN

1884 — 1885 — 1886

AU TONKIN

1884 — 1885 — 1886

PARIS

IMPRIMERIE GÉNÉRALE LAHURE

9, RUE DE FLEURUS, 9

1898

AU GÉNÉRAL DE NÉGRIER

HOMMAGE DE RESPECTUEUSE RECONNAISSANCE

ARMAND DE BIENCOURT

J'accomplis un désir exprimé par mon fils en publiant ces souvenirs de la campagne du Tonkin, pour les offrir aux chefs qui ont été bienveillants pour lui, à ses chers camarades de l'armée, à tous ceux qui ont été ses amis, à ses cousins.

MARQUIS DE BIENCOURT.

AU TONKIN

D'ANGERS A BAC-NINH

Grâce au général de Courcy, ami de mon père, j'ai obtenu la faveur exceptionnelle de me transformer de maréchal des logis au 12ᵉ cuirassiers en fantassin. Je devais même rendre mes galons; mais, en arrivant le 2 décembre 1883 à Albi où l'on formait le bataillon de marche du 143ᵉ, on m'a rendu mes galons, et je suis devenu sergent d'infanterie. En quittant Angers, les officiers du 12ᵉ cuirassiers ont été charmants pour moi. Ils m'ont donné des lettres de recommandation pour les officiers du corps expéditionnaire qu'ils connaissaient. Quant à mes camarades, les hommes de mon peloton, ils m'ont fait des adieux qui m'ont profondément touché. Tous ceux qui l'ont pu m'ont accompagné à la gare : et l'on a pleuré en s'embrassant : il y a encore dans l'armée une bonne camaraderie. Aussitôt arrivé à Albi, où j'ai dû aller directement sans même pouvoir passer par Paris, je suis donc devenu sergent chef de la 2ᵉ section; j'ai trente-trois hommes sous mes ordres. Ma compagnie est bien composée : l'adjudant est un gentil garçon; le sergent-major, qui vient du 100ᵉ de ligne, aussi. Mes camarades viennent comme moi de divers régiments : ils sont tous pleins d'ardeur pour cette campagne lointaine. Mon uniforme de cuirassier, que

j'ai dû conserver les premiers jours, les étonnait, ma
me suis vite mis au courant du service de l'infantei
Ils m'appellent leur maréchal des logis, et rient quand j
leur commande *au trot* au lieu de *pas gymnastique*.

En prenant mes fonctions, j'ai fait un petit speech aux
hommes de cette section. Je leur ai dit que « je ne
connaissais pas encore le service de l'infanterie, mais que
je comptais sur leur bonne volonté pour me faciliter ma
tâche », etc., etc. Ils m'ont assuré tous que je pouvais
compter sur eux. Il règne une grande bonne volonté, et
je suis tout fier de penser que bientôt j'aurai à conduire
au feu tous ces braves soldats.

Nous sommes restés quinze jours à Albi, attendant impatiemment l'ordre du départ. Enfin, l'ordre arrive, nous
devons nous embarquer à Toulon le 10 janvier sur le *Saint-
Germain*, de la Compagnie transatlantique. Je télégraphie
à mon père; mais, déception! le *Saint-Germain*, qui d'après
le dire de la Compagnie devait embarquer 1500 hommes,
est reconnu ne pouvoir en contenir que 800, et comme il
y avait à ce moment-là le choléra à Toulon, ma compagnie
est cantonnée dans un fort jusqu'au 20, où elle doit être
embarquée sur le *Shamrock*.

Mon père était arrivé à Toulon le 9 janvier, et Pierre,
qui était à Saint-Cyr, a pu se débrouiller, et obtenir une
permission de quatre jours pour venir me dire adieu.

Le dimanche 20 janvier, à trois heures de l'après-midi, le
Shamrock part de Toulon. Le 22, nous passons en vue du
Stromboli, et le soir dans le détroit de Messine. Le 24,
nous passons en vue de Candie. Notre installation à bord
laisse beaucoup à désirer. Le bâtiment est encombré de
bagages et d'artillerie pour le Tonkin. Nous sommes partagés

en bâbordais et tribordais, et faisons le quart comme l'équipage. Nous sommes chargés, les uns du loch, les autres du lavage du pont, de la manœuvre, de la pompe, etc. Moi, je suis de semaine : et ce n'est pas une petite affaire. J'ai douze factionnaires dans tous les coins à relever par heure jour et nuit. Il faut se mettre au courant du service de la marine; et pour un détail que j'ignorais complètement, j'ai attrapé vingt-quatre *heures de fers*, ce qui n'est pas drôle! Nos officiers trouvent cela absurde. Nous sommes aussi fort mal nourris, et ce n'est pas propre; mais à la guerre comme à la guerre! nous en verrons bien d'autres! Cela ne nous empêche pas d'être de bonne humeur, et nous sommes tous fort bien ensemble, 143ᵉ, 23ᵉ et pontonniers.

Nous sommes arrivés à Port-Saïd le 26. Nous avons eu la permission d'aller à terre. J'ai visité la caserne des Hignlanders, et ces soldats anglais ont été tout surpris de voir un simple sergent français parler leur langue. Grâce à mon anglais, ils m'ont bien reçu et tout montré.

Le 27, nous entrons dans le canal. Nous marchons très lentement, et le *Shamrock* est souvent obligé de se garer. Nous ne marchons pas la nuit. Nous voyons des ibis, des canards, et toutes sortes d'oiseaux d'eau; en passant à Ismaïla, on nous montre la maison de M. de Lesseps. Dans les grands lacs, crac! voilà le *Shamrock* qui s'échoue. Nous restons ainsi trente-six heures avant de démarrer. Enfin le 29 nous sommes à Suez et le 30 dans la mer Rouge.

Nous apercevons fort bien le mont Sinaï. C'est là que Moïse a passé la mer Rouge! Plus loin, au milieu de récifs, nous voyons les carcasses de quelques bâtiments échoués : un grand vapeur qui a fait naufrage là il y a trois ans a l'air d'être au mouillage. Nous avons toujours beaucoup de travail, et il fait chaud. Le dimanche, nous avons eu la messe, et soir et matin la prière. En république, c'est à ne pas le croire. Je suis de distribution, c'est-à-dire que je suis chargé cette semaine des distributions de vivres pour tous les militaires du bord. Et il y a du travail!

A 6 heures du matin, je vais toucher le café et l'eau-de-vie; à 6 heures et demie, distribution de la viande et je fais le garçon boucher. J'ai cinquante séries à faire! A 9 heures, je mets 2 litres 80 d'eau-de-vie dans le tonneau d'eau douce, pour la boisson (mesure hygiénique); à 5 heures, même opération. A 9 heures et demie, je touche et distribue le pain et le vin : un quart de vin par homme par repas. A l'heure de la soupe, je distribue aux cinquante séries; même opération pour le repas du soir. Enfin, à 2 heures, distribution d'un quart de café coupé d'eau-de-vie. Ajoutez à cela les réclamations des hommes, qui prétendent toujours ne pas avoir touché leur compte. J'ai dix hommes pour m'aider dans cette besogne.

Une nuit, pendant le quart, je me sens frapper sur l'épaule : c'est un second maître qui me dit avoir appris que j'étais le neveu du commandant de Fitz-James. C'est mon oncle qui à bord de l'*Alma* l'a fait passer quartier-maître et l'a pris pour patron de sa baleinière. Il va me chercher un autre de ses camarades qui a été avec mon oncle sur le *Laplace* et sur le *Bouvet*. Nous causons pendant notre quart de nuit, comme de vieux amis : ils me font de grands éloges de mon oncle et me citent des exemples et des traits de *sa science navale*. Nous nous sommes promis de nous retrouver souvent à notre quart, que nous faisons ensemble. Comme neveu de mon oncle, je suis un peu de la marine.

Nous passons en vue de l'île de *Périen* et nous mouillons à

Aden pour faire du charbon. Des quantités de négrillons entièrement nus entourent le *Shamrock*; ils sont dans des troncs d'arbres creusés; on leur jette des sous : ils plongent, et en font provision dans leur bouche. Pendant l'arrêt, nous allons à terre, nous prenons une voiture du pays, et visitons Aden. Le chemin est fort pittoresque, et la ville m'a semblé énormément fortifiée. Forts et canons partout. Mon anglais m'a été là encore fort utile. Nous faisons avec quelques camarades un copieux déjeuner pour nous dédommager de la nourriture du bord. A Aden, ce sont les vautours, encore plus familiers que les moineaux des rues de Paris, qui font le service de la voirie. Nous revenons le soir sur le *Shamrock*, et nous voguons dans la mer des Indes. C'est incalculable le nombre de poissons volants que le *Shamrock* fait fuir à tire-d'aile devant lui. Le matin et le soir, beaucoup de marsouins.

Notre service à bord devient de plus en plus dur; les punitions pleuvent pour des riens. Nous avons rejoint le 7 février dans l'océan Indien la corvette cuirassée *La Galissonnière*, qui se rend dans les mers de Chine. Le *Shamrock* salue l'amiral de treize coups de canon. L'amiral répond, et la musique joue *la Marseillaise*. Je n'ai certes pas été élevé dans l'amour et la vénération de ce que l'on appelle notre chant national, mais autre chose est d'entendre cette musique à un stupide 14 Juillet et à n'importe quelle assommante cérémonie officielle ou de l'entendre en pleine mer à quinze cents lieues de son pays : on oublie alors *l'étendard sanglant de la tyrannie* et *le sang impur qui doit abreuver nos sillons* pour ne penser qu'à *l'amour sacré de la patrie*, et l'on est ému.

Pendant la musique, le commandant du *Shamrock* (M. Le

Coat de Sainte-Avoine) est resté découvert sur sa passerelle. La chaleur devient terrible, pas un souffle d'air.

Le 18 février, en pleine mer des Indes : devant Ceylan, nous avons eu un très grave incident d'indiscipline. Un homme ayant disparu, on a donné l'ordre, pour faire un contre-appel, ue faire remonter sur le pont la bordée qui venait d'en descendre. Et les hommes ont refusé d'obéir! Il a fallu que les officiers de quart nous donnent l'ordre de commander à chaque homme individuellement en menaçant de faire fusiller immédiatement celui qui broncherait. Alors seulement les hommes ont obéi. Nos officiers ont été péniblement impressionnés, et nous nous sommes dit avec M. Mangin, toujours bon et aimable pour moi, qu'il faudrait remonter le moral de nos hommes avant de rien entreprendre.

Nous espérions relâcher à Ceylan, mais nous avons passé sans nous arrêter. Nous passons auprès de petites îles situées près de Sumatra. Le coup d'œil est féerique : c'est la végétation luxuriante de l'Inde et des tropiques. Quant à l'homme disparu, on n'a jamais su ce qu'il était devenu! C'est seulement dans ces parages, après trente jours de mer, que je retrouvais à bord du *Shamrock* M. de Jonquières, enseigne de vaisseau, un de mes anciens camarades de Brest!

Enfin nous arrivons à Singapour, et le *Shamrock* prend place aux appontements au milieu d'une quantité de navires de toutes les nationalités, pour faire du charbon. Il nous fallait embarquer 850 tonnes. L'opération, faite par des Chinois qui portent à deux des paniers de 50 kilos, a duré de onze heures du matin au lendemain. Pendant ce temps, nous avons été à terre. La végétation est extraordinaire. La ville est en grande partie chinoise. Pendant notre déjeuner à un hôtel portugais, un orgue de barbarie nous joue *la Marseillaise*, cela va sans dire, puis *le Petit Duc, Orphée aux Enfers, les Cloches de Corneville*, etc. Après avoir visité la ville malgré la chaleur, je reviens aux appontements dans une petite voiture traînée par un Chinois, qui, en vingt minutes au pas gymnastique, pour cinquante centimes, franchit les cinq kilomètres qui séparent la ville du quai d'embarquement.

Le 21 février, le *Shamrock* largue ses amarres. Nous avons maintenant véritablement gros temps et nous dansons ferme. Le commandant me fait inviter à déjeuner : quel honneur pour un simple sergent!

Cinq jours après, nous arrivons au cap Saint-Jacques, qui est à l'entrée de la rivière de Saïgon. Nous voici en Cochinchine. Après avoir remonté la rivière pendant quatre heures, nous mouillons à un kilomètre de Saïgon, mais nous ne descendons pas à terre, car nous apprenons que l'on nous attend avec impatience pour prendre Bac-Ninh.

Nous repartons par la marée. Il fait gros temps, le vent est contraire, mais plus que cinq jours : et en débarquant sac au dos!

Le *Shamrock* mouille, le 1er mars, dans la baie d'Along. Cette baie est magnifique, entourée de rochers à pic. Ma compagnie débarque, mais on me laisse avec les munitions. Heureusement que l'artillerie est encore embarquée. Je dois débarquer le lendemain en même temps que les canons : et l'on ne prendra pas Bac-Ninh sans les canons. Cela me fait prendre patience; je rage cependant.

BAC-NINH

Par suite des retards de mon débarquement, je ne suis arrivé à Bac-Ninh que juste au moment où la ville venait d'être prise ; mais je n'ai rien à regretter, puisqu'il n'y a pas eu assaut. Tout a été fait par l'artillerie. Les troupes sont entrées dans la ville l'arme sur l'épaule. Nous vivons et mangeons au milieu des ruines encore fumantes et des cadavres des tués et des brûlés. Mais il faut ouvrir l'œil, car dès la première nuit les Pavillons noirs ont tenté de reprendre la citadelle, où la brigade de Négrier était cantonnée. Le lendemain, le général Millot entre dans la ville avec le général Brière de l'Ile : cela fait en tout dix mille hommes. C'est le général de Négrier qui, par un hardi coup de main, s'est emparé de Bac-Ninh : en conséquence, c'est le général Millot qui a été fait grand officier de la Légion d'honneur. Nous commentons tout cela. Le général Millot n'a pas produit bonne impression sur les troupes : par contre, le général de Négrier est très populaire et très aimé. Les soldats ont confiance en lui : ils disent dans leur langage « qu'ils se feraient casser la gueule pour lui ». Et c'est le superlatif de l'éloge que le soldat puisse faire de son général.

Au milieu des ruines de Bac-Ninh, j'ai été invité à dîner par le colonel Guerrier, chef d'état-major, qui avait été camarade de promotion de mon oncle Jacques. J'ai vu aussi le capitaine de Wignacourt et le général de Négrier, qui a été fort gracieux pour moi.

J'aurais pu rapporter quelques jolis souvenirs de Bac-Ninh, des étoffes, des broderies, des armes, des bronzes,... mais je n'ai que mon sac! J'ai donné à mon capitaine un fort joli Bouddah que je crois curieux et très ancien. Après la prise de Bac-Ninh, le général Millot, l'état-major et la brigade Brière de l'Ile sont rentrés à Hanoï. Mon bataillon est resté aux avant-postes : nous faisons partie de la brigade de Négrier. J'ai un petit chien et un singe. Toutes les nuits, on tire des coups de fusil. Nos sentinelles sont surprises et égorgées : c'est une guerre de sauvages. La nuit, les mouches phosphorescentes font souvent illusion à nos soldats, qui tirent dessus, les prenant pour l'ennemi. Presque toutes les nuits, nous sommes atta-qués; mais nous sommes sur nos gardes. Les pirates, avec une grande audace, viennent jusqu'au milieu de nos campements et incendient nos pailotes. De notre côté, nous détruisons et incendions leurs défenses. Les prisonniers que l'on faisait dans ces escarmouches étaient envoyés à l'état-major; mais, comme le général Millot les renvoyait, les soldats ne firent plus de prisonniers. Tout pirate qui tombait entre nos mains était expédié. Les soldats avaient surnommé le général Millot : géné-ral *Divé-Cagna*, ce qui signifie « retourne à la maison ».

Le 3 avril, mon bataillon a l'ordre de partir pour occuper Phu-Lang-Thuang, gros village sur le canal des rapides, à 20 kilomètres de Bac-Ninh, sur la route de Chine.

PHU-LANG-THUANG

Phu-Lang-Thuang est dans une jolie situation, entouré de bambous énormes, de palmiers, d'aréquiers. Nous nous y installons de notre mieux, et ma foi! nous y vivons fort bien. Mais il y a beaucoup d'hommes malades, et ni ambulance, ni médicaments! Il y a, paraît-il, pour le service de santé, conflit entre la Guerre et la Marine.

Le 11 avril (vendredi saint), une bande de pirates ayant été signalée au commandant, ma compagnie a été désignée pour cette expédition, véritable chasse à l'homme. Nous nous sommes enfoncés dans la montagne; mais nous n'avons surpris qu'une trentaine de pirates; ils ont été tous tués. C'est là que j'ai tué mon premier. C'était même, paraît-il, un chef chinois. Il avait un assez beau sabre, que j'ai donné à mon capitaine. Mais la grosse bande qui nous était signalée nous a échappé. Nos premiers coups de fusil ont donné l'éveil. Le tam-tam a commencé à résonner dans la montagne; nous étions observés et signalés. Nous avons recueilli des drapeaux, des armes, et nous avons fait une ample razzia de bœufs, cochons et poulets que nous avons en partie ramenés; mais nous étions fatigués et trempés jusqu'aux os par la pluie qui n'avait cessé de tomber, et par le passage de nombreux cours d'eau.

Un jour, notre commandant a reçu une lettre du chef des

pirates lui *enjoignant d'évacuer de suite Phu-Lang-Thuang,
sans quoi il saurait bien l'y contraindre*[1]. Quel toupet! On
nous annonce, du reste, une attaque. Les pirates ont fait
prévenir les villages environnants qu'on ait à leur procurer
des vivres pour le 2 mai.

1. PROCLAMATION DU CHEF DES PAVILLONS NOIRS

LI-VINH-PHUOC

Moi, général invincible, j'ai fait la présente proclamation afin que vous, Français, sachiez bien que nous vous considérons comme des rebelles pour lesquels les autres nations n'ont aucune considération.

Vous prétendez venir ici pour défendre votre religion, c'est-à-dire la religion catholique. C'est faux; vous n'êtes ici que comme des étrangers avides, comme des fauves. Vous tombez sur notre malheureux pays. Votre cœur est comme celui du tigre.

Depuis que vous avez mis le pied sur cette terre d'Annam, vous avez volé nos citadelles, vous avez tué nos mandarins.

Il nous serait plus facile de compter le nombre de vos cheveux que les forfaits dont vous vous êtes rendus coupables. Vous vous êtes emparés de nos douanes pour vous saisir de tous nos impôts. Vous avez tué sans pitié les défenseurs de nos institutions, vous avez rendu le commerce impossible. Le peuple est malheureux!

Ces forfaits méritent la mort, parce que le pays est ruiné, et le ciel ne vous pardonnera pas vos forfaits. J'ai décidé que je vous ferais la guerre et que je vous poursuivrais à outrance.

Mes soldats sont aussi nombreux que les nuées, mes drapeaux et mes lances obscurcissent la lumière du ciel. Mes fusils et mes sabres sont plus nombreux que les arbres des forêts.

J'avais l'intention de venir attaquer votre refuge du diable afin de supprimer d'un seul coup tous les brigands. Mais, avant tout, nous prenons l'intérêt du peuple, intérêt qui est grand pour nous. Je ne veux pas choisir comme champs de bataille les villes d'Hanoï, d'Haï-Phuong, de Nam-Dinh, parce que je crains trop de ruiner les habitants. Envoyez à ma résidence la tête du commandant en chef, des consuls, des capitaines et lieutenants, et je vous permettrai de retourner en Europe, et je ne vous poursuivrai pas, mais si vous tardez encore, j'irai jusqu'à vous et je vous tuerai tous, et de vous il ne rentrera pas chez vous même un brin d'herbe.

La mort est proche de la vie, réfléchissez.

56° année du règne de Tu-Duc.

Moi, Li — général invincible des Drapeaux noirs.

(Cette proclamation était affichée partout.)

Un jour, j'avais été chargé d'aller à Bac-Ninh pour en rapporter les approvisionnements, vivres, munitions, piastres pour la solde, etc. J'avais une cinquantaine d'hommes et autant de coulis. Vu le triste état de mes jambes, mon capitaine m'avait très aimablement donné son cheval. Le lendemain, en revenant à Phulang-Thuang avec mon convoi, je me trouve tout à l'improviste à côté d'une bande assez nombreuse de pirates : ils étaient bien cinq cents. J'ai passé près de leur campement à portée de fusil sans être attaqué. De mon côté, j'ai dû, à cause du convoi dont j'avais la responsabilité et de mes coulis, renoncer à attaquer, malgré l'envie que nous en avions, mais pendant quelques instants cette marche de flanc à portée de fusil de cette bande a été assez émotionnante.

Pour le moment, je suis à Miko, poste en avant de Phu-Lang-Thuang. Je suis seul avec un officier, et je commande deux sections, environ soixante hommes. Mais je n'ai plus de chaussettes, je marche pieds nus dans mes godillots, mes chemises sont en loques, et nous sommes dévorés par la vermine. J'ai de plus aux jambes ce qu'on appelle des *plaies annamites*. Cela ronge jusqu'à l'os, et c'est long, paraît-il, à guérir, surtout n'ayant aucun remède et pas de linge pour les pansements.

Le 15 mai, nous avons fait une marche fort pénible, surtout pour moi ; mais on nous avait signalé une forte bande, et je ne voulais pas manquer une si bonne occasion. La marche a singulièrement envenimé mes plaies, et nous n'avons pas rencontré la bande, qui ne nous a pas attendus.

C'est à la fin de mai que j'ai demandé à entrer aux *tirailleurs tonkinois*. Mon bataillon devait, disait-on à ce moment-là, rentrer en France. Je ne voulais revenir qu'officier. J'étais proposé, mais pas nommé. Enfin le colonel Guerrier, que j'ai consulté par lettre, m'a approuvé, et j'ai été vite nommé sergent au 1er tirailleurs tonkinois (colonel de Maussion).

C'est à Bac-Ninh que j'ai reçu la nouvelle. Mais mes jambes! J'ai dû me faire transporter de Phu-Lang-Thuang à Bac-Ninh (25 mai). Toujours ni linge ni médicaments, c'est honteux! Je me panse avec ma ration de tafia, et sans le savoir j'envenime ces plaies en les lavant dans l'eau de la rivière. Enfin, j'ai hâte de rejoindre mon nouveau corps. Nouvelle transformation : je fais partie maintenant de l'infanterie de marine. J'ai changé de ministère!

Le 16 juin, je fais mes adieux à mes chefs, qui ont été très affectueux pour leur sergent, et je me fais transporter à Hanoï dans un hamac couvert. J'avais loué huit coulis. J'étais comme un mandarin! Mon « boy », domestique annamite, très intelligent, suivait.

A L'HOPITAL

En arrivant à Hanoï, je me présente à mon nouveau corps. mais à la visite le major m'envoie immédiatement à l'hôpital. Il y a des sœurs de charité, mais, hélas! que cet hôpital est plein! que de fiévreux, que de mourants, que de morts!

Le major voulait tout simplement me couper la jambe, mais je m'y suis énergiquement refusé. J'ai la jambe droite immobilisée dans une gouttière, et je ne dois pas quitter le lit. Car j'ai un lit, un vrai lit, avec matelas, traversin, oreillers, draps! C'est la première fois depuis six mois que je suis dans un lit et déshabillé. Le colonel Guerrier, ayant su que j'étais à l'hôpital, a eu la bonté d'envoyer prendre de mes nouvelles. Dans quelques jours, je devrai me lever, cependant, et me faire porter au conseil de guerre pour déposer contre deux soldats de ma section qui, une nuit, à Phu-Lang-Thuang, étant gris, m'ont menacé et mis en joue.

L'hôpital est situé sur le bord du fleuve Rouge, dans l'ancienne concession française. L'air y est aussi sain qu'il peut être ici. C'est un grand bâtiment. Les sous-officiers sont à part, répartis dans des chambres de dix lits chacune. Des Annamites font le service de propreté sous la direction des sœurs. Nous avons un médecin à trois galons et un à deux galons. La nourriture, bonne et abondante, nous est distribuée par les sœurs. Mon boy vient me voir tous les jours : « Comment va jambe, capitaine? » Tout ce qui porte galon est capitaine pour les Annamites. Il m'apporte du tabac, et je lui donne mes commissions, qu'il fait avec une grande intelligence. Ma feuille d'hôpital porte : *Ulcères annamites siégeant aux deux jambes et sur la partie dorsale des pieds, provenant des piqûres de moustiques.*

Nous apprenons à l'hôpital le désastre de Bac-Lé, arrivé à la petite colonne qui, sous les ordres du lieutenant-colonel Dugenne, allait à Lang-Son. Cela cause ici un grand émoi. Le général de Négrier est parti au secours de la colonne. Les généraux, paraît-il, ne s'entendent pas, et Négrier aurait eu des mots assez vifs avec Millot.

Les soldats ont surnommé Négrier *Molène*, ce qui veut dire : plus vite! plus vite! Brière de l'Ile *Mane-mane* : attends un peu, pas si vite; et Millot *Dive cagna* : va-t-en chez toi.

A l'hôpital, nous recevons des paquets de journaux que de braves compatriotes qui pensent aux blessés du Tonkin adressent : « A messieurs les malades et blessés aux hôpitaux du Tonkin ». Cela fait grand plaisir. Étant à l'hôpital, j'évite la corvée de la revue du 14 Juillet.

On apporte à l'hôpital beaucoup de blessés de Bac-Lé. J'apprends qu'un de mes bons camarades qui était embarqué avec moi sur le *Shamrock*, le sergent-major Moreau, de la compagnie du capitaine Kerdrain, avait été blessé à cette triste affaire, qu'il a été retrouvé le lendemain décapité et mutilé, la tête entre les jambes. C'est, hélas! le sort de tout blessé qui tombe entre les mains de ces sauvages.

Grand déménagement des malades à l'hôpital! Le général Millot et son épouse, surnommée *Sans souliers*, trouvant l'hôpital trop rapproché de leur résidence, le changement a été ordonné. L'hôpital est maintenant dans la citadelle. Le changement s'est fait avec un effroyable désordre et un manque complet de soins. Il a fallu transporter n'importe comment plus de cinq cents malades et blessés. Rien n'était prêt pour nous recevoir. Pas de lits! Il y avait conflit, paraît-il, entre la Guerre et la Marine. Plusieurs pauvres malades sont morts pendant le transport et dans la nuit qui a suivi. Mes jambes allant un peu mieux, j'ai aidé les sœurs, tout en me disputant un peu avec elles. Pendant quelques jours, j'ai eu une assez forte dysenterie, et je suis au lait, mais au lait concentré.

Enfin, le 30 juillet, le médecin me signe mon *exeat,* et le lendemain, à cinq heures du matin, je sors de l'hôpital, où j'étais depuis le 16 juin. J'en avais assez! Dans l'horrible confusion du déménagement de l'hôpital, tout mon petit butin a été perdu : sac, moustiquaire, vêtements, chaussures, etc.! Il va falloir se réapprovisionner. Il m'arrive heureusement une caisse envoyée par mon père, contenant un peu de linge, des chaussettes, des chaussures, du savon, de l'eau de Cologne.

Héliog. Dujardin

TIRAILLEURS TONKINOIS

Me voilà donc sergent au 1ᵉʳ bataillon, 4ᵉ compagnie, du 1ᵉʳ régiment de tirailleurs tonkinois. C'est au mois de mai. Il n'y a pas longtemps, par conséquent, qu'a eu lieu cette formation : mais nos petits tirailleurs se forment vite. Ils sont recrutés par engagements volontaires pour deux ans. Les instructeurs ont été pris dans les gradés de tirailleurs annamites de Cochinchine; les officiers et sous-officiers sont Français et pris dans l'infanterie de marine. Les tirailleurs se nourrissent eux-mêmes; ils ont avec eux leur *congaï*, femme, et leur *niau*, enfant. En expédition, tout cela suit si cela veut, mais on ne s'en occupe pas. Les femmes, étonnantes marcheuses, rendent même souvent de grands services. Les hommes ont une grande bonne volonté; il apprennent vite le maniement de leur fusil, qu'ils aiment et soignent bien. Ma compagnie, recrutée au mois de mai, était prête à marcher et à mener au feu au mois de septembre. Elle compte deux cent soixante-dix hommes. Au commencement, il manquait généralement une cinquantaine d'hommes aux appels, mais tout cela s'est fait.

Comme punitions, on inflige la *cadouille*, Cette bastonnade était régulièrement interdite au nom des grands principes de 89, ce qui n'empêche pas qu'elle ait été toujours, régulièrement appliquée. L'homme est couché sur le ventre, maintenu aux pieds et à la tête, et reçoit les coups de rotin auxquels il est condamné. Chaque coup bien appliqué doit enlever la peau. En général, ils ne crient pas et ne résistent jamais.

L'uniforme se compose d'un *kého*, sorte de blouse en molleton bleu marine; d'un *kékouin* noir, large pantalon descendant jusqu'à la moitié du mollet. Comme coiffure, un chapeau en lames de bambou laquées, retenu au chignon par des morceaux d'étoffe rouge. Les pieds restent nus.

Nous autres sous-officiers, nous sommes autorisés à porter un large pantalon en grosse soie noire et un veston de même étoffe. Nous ne portons généralement pas de chemise. Le revolver est en bandoulière et passé dans la ceinture. Comme coiffure, le casque des colonies, mais recouvert, en expédition, de soie noire pour n'être pas vu de loin.

Au commencement d'août, je fis avec une section de ma compagnie une petite expédition pour rétablir le fil télégraphique qui avait été coupé entre Hanoï et Le Day. Mes hommes avaient cent vingt cartouches. Des coulis portaient le matériel, et j'avais avec moi deux télégraphistes. Il faisait une rude chaleur! Le second jour, nous avons trouvé la rupture à Fouques. J'ai été chez le mandarin, préfet, et lui ai adressé un discours bien senti, par l'entremise de mon boy, lui disant que je le considérais comme responsable, malgré ses protestations, et que si pareille chose recommençait, je lui ferais couper la tête, etc., etc. Puis, je me suis installé dans sa *cagna* et me suis fait délivrer des vivres pour moi et pour mes hommes. Je l'ai condamné à une forte amende, enfin je lui ai inspiré une crainte salutaire; j'avais d'ailleurs pleins pouvoirs. Le quatrième jour de marche, je suis rentré à Hanoï après avoir fait 26 kilomètres, et par quelle chaleur!

Il y a pas mal de désertions dans la légion étrangère. Les déserteurs qui sont repris sont fusillés, bien entendu. Les tirailleurs sont commandés pour ces exécutions. J'ai déjà dû assister à une soixantaine d'exécutions capitales, soit fusillades, soit têtes coupées. En général, tous sont morts très bravement, crânement même, déserteurs ou pirates. Le mépris de la mort chez ces peuples est véritablement extraordinaire. J'ai vu des condamnés faire souvent à pied une marche de plus d'un kilomètre pour se rendre au lieu de l'exécution. Le bourreau, son grand sabre à nu, marche immédiatement devant celui auquel il va couper la tête et cause, plaisante avec lui; il lui trace sur le cou, avec le doigt mouillé de sa salive, rougie par une plante qu'il mâche comme une chique, une raie, en lui disant : « Je frapperai là ». Arrivé au lieu de l'exécution, le condamné se met à genoux, on l'attache à un pieu fiché en terre, et le bourreau lui fait tomber la tête presque toujours d'un seul coup. Et pendant cette longue marche et ces effrayants préparatifs, je n'ai pas vu un seul condamné défaillir !

Au commencement de septembre, le général Millot est rappelé en France, et le colonel Guerrier, son chef d'état-major, à son grand regret revient avec lui. Au moment de son départ, le colonel Guerrier, fort aimablement, m'invite à déjeuner. C'était le 3 septembre. Je me trouve là, moi simple sergent de tirailleurs, avec le colonel Guerrier, le commandant Crétin, le commandant de Lacroix, etc., etc. Tous ces gros bonnets ont été charmants pour moi. Je me taisais, bien entendu; mais voilà que le colonel Guerrier m'interroge et me demande des renseignements sur tout ce qui concerne les tirailleurs tonkinois. Ma foi, directement interpellé, j'ai dit tout ce que je pensais sur organisation, punitions, solde, nourriture, campement, etc., etc..., et j'ai eu la satisfaction, après avoir soutenu ce que je croyais bon à réformer et à changer, d'avoir sur presque tous les points l'approbation de ces képis haut galonnés.

C'est le général Brière de l'Isle qui prend le commandement en remplacement du général Millot, qui n'est pas regretté.

KÉ-SON

Le 12 septembre, à midi, l'ordre nous arrive de partir dans la nuit pour une expédition. Le détachement qui doit en faire partie se compose de ma compagnie de tirailleurs, d'une compagnie du 25e et de deux pièces d'artillerie. Je pars en avance avec vivres, approvisionnements et munitions sur la canonnière *la Carabine*, et je dois précéder ma compagnie, qui va par terre à Mi-Luong, où a lieu la concentration.

J'ai fait sur la *Carabine* le plus joli voyage qu'il soit possible de faire. Nous avons commencé par descendre le fleuve Rouge, puis nous avons pris le Day à peu près à la hauteur de Phu-Li et nous nous sommes engagés dans le fleuve, qui coule entre des rochers escarpés et recouverts d'une végétation vierge magnifique. Nous voyons des bandes de paons sauvages qui passent au-dessus de nos têtes. La navigation étant impossible la nuit, nous avons mouillé, et pour la première fois j'ai entendu tout près le rugissement du tigre : cela fait froid dans le dos.

Après avoir reconnu l'entrée de la petite rivière qui passe à Mi-Luong, la *Carabine* s'y engage avec précaution, car cette rivière n'avait pas encore été explorée. Elle n'a pas plus de vingt mètres de large : la canonnière touchait les lianes et les immenses fougères des rives. Des bandes d'oiseaux d'eau s'envolaient devant nous, et les habitants les plus audacieux venaient nous voir passer en se cachant au milieu des herbes.

Avant d'arriver à Mi-Luong, en passant auprès d'un village où il y avait une mission catholique, un dimanche, à l'heure de la messe, au bruit du sifflet de la canonnière, la foule sort pour nous contempler, et le prêtre lui-même, encore revêtu de ses ornements sacerdotaux, est venu nous regarder.

Enfin, nous arrivons à Mi-Luong. Notre détachement y arrive presque en même temps, et je débarque retrouver mes tirailleurs et mes camarades.

Nous sommes au milieu des pirates. Ma compagnie occupe une pagode fortifiée par eux. Partout nous voyons des têtes coupées, plantées au bout de bambous. Ce sont des têtes de pirates, que les habitants avaient pu prendre et tuer et qu'ils exposaient ainsi pour nous faire honneur. Nous nous empressons, bien entendu, de faire disparaître ces trophées sanglants et infectants.

Tous les jours, on fait de petites reconnaissances, mais sans pousser trop loin. On sait que pirates et Pavillons noirs occupent des forts dans ce pays, et l'on ne veut pas trop les inquiéter avant de les attaquer à fond.

L'attaque de Ké-Son, un de ces principaux forts, fut fixée au 24 et devait s'exécuter ainsi : une colonne, composée d'une compagnie de turcos et d'une compagnie de tirailleurs tonkinois, partie de Son-Tay, devait s'avancer par l'ouest et couper la retraite de l'ennemi. Une compagnie de tirailleurs tonkinois (la troisième) du poste de Fou-Ko devait s'avancer par le nord. Enfin, la colonne de Mi-Luong, 4ᵉ compagnie de tirailleurs tonkinois et compagnie du 23ᵉ, devaient s'avancer par l'est. Les deux canonnières *Carabine* et *Yatagan* devaient coopérer à l'expédition, qui était sous les ordres du colonel de Maussion.

Mais, le 23, à sept heures du soir, le colonel reçoit par un *tram* (espion, courrier, porteur de nouvelles) la nouvelle que la 3e compagnie de tirailleurs tonkinois, cernée par des forces supérieures, avait été forcée de se réfugier sur un mamelon, où elle attendait impatiemment du secours.

Aussitôt, on forme une petite colonne, composée de ma section et de la moitié de la compagnie du 23e, commandée par le lieutenant Fabre. Nous partons à huit heures du soir sur des *sampans* (barques), ce qui nous évite un assez long détour. Nous débarquons à minuit; il fait une nuit noire; guidés par le tirailleur qui avait pu nous apporter la nouvelle, nous nous mettons en marche. Je forme l'avant-garde avec mes tirailleurs et je marche en avant avec le *tram*. Nous avons souvent de l'eau jusqu'à la ceinture, le sentier que nous suivons étant le lit d'un torrent. Comme je marchais trop vite, et que j'avais pris trop d'avance, à une heure et demie, par un hasard providentiel, le lieutenant me crie : « Biencourt, pas si vite en tête ». Je m'arrête et j'entends dans le silence de la nuit : « Halte-là, Arrêtez-vous! vous allez tomber dans une embuscade ». Nous étions, sans le savoir, presque au bas de la colline sur laquelle la 3e compagnie s'était réfugiée. C'était le sergent de garde qui du haut de la colline avait entendu le cri du lieutenant! Je rétrograde vers la compagnie, nous prenons position dans une clairière qui était une petite rizière à moitié desséchée. Nous formons le carré et attendons le jour. A quatre heures, quand nous nous sommes remis en marche, nous avons vu, en effet, que la nuit, lorsque de la colline il nous fut crié: « Halte-là! » nous n'étions plus qu'à quelques pas de l'embuscade dans laquelle nos camarades nous dirent que trois cents pirates nous attendaient.

Nous traversons un ruisseau en ayant de l'eau jusqu'à la

poitrine et nous rejoignons nos camarades qui descendaient de leur piton. L'ennemi, qui les tenait assiégés depuis vingt-quatre heures, les voyant secourus, s'était retiré la nuit.

Nous marchons alors sur Ké-Son. Je suis encore en pointe d'avant-garde. Il faut se frayer un chemin au milieu des hautes herbes et des broussailles. Tout le temps, nous recevons des coups de fusil d'ennemis invisibles : on ne voit que le petit flocon de fumée. La marche devient de plus en plus pénible : il faut traverser un grand nombre de cours d'eau et une grande rizière où nous enfonçons dans la boue jusqu'au derrière. Comme je débouche avec mes hommes de pointe dans un endroit découvert, nous essuyons un feu plus vif; mais alors nous distinguons l'ennemi, dont les fusils reluisent au soleil. La distance est bonne : 400 à 500 mètres. Nous tirons, et notre feu bien dirigé fait rétrograder les ennemis, qui plantent leur drapeau sur des hauteurs à notre droite. Ce sont des Tuongs, nous les avons parfaitement reconnus. Nous continuons notre marche, et nous retrouvons les canonnières, qui ont à bord la colonne de Mi-Luong et le colonel de Maussion. Il est neuf heures et demie, et aucune nouvelle de la colonne de Son-Tay! Les deux colonnes se mettent en marche. Je marche en tête avec le capitaine Dufoulloux de la 3e compagnie. La marche est pénible. Nous nous trouvons en présence d'un assez grand cours d'eau. Comme le plus grand, j'essaie le passage en cinq endroits différents avant de trouver un gué; trois fois, je suis entraîné par le courant et obligé de nager, mais mon équipement ne me gêne guère. Arrivés sur la hauteur, nous avons devant nous le fort de Ké-Son, à environ 1 000 mètres. Nous signalons sa position aux canonnières par le moyen du télégraphe à bras. Dès lors, l'attaque commence; mais l'opération est manquée par suite de l'absence de la compagnie de Son-Tay, qui, nous l'avons su plus tard, s'était perdue et avait pris une fausse direction. Les deux canonnières s'avancent autant qu'elles le peuvent et tirent avec leur canon-revolver. La colonne de droite fouille trois villages et commence son feu. Nous, nous envoyons à bonne portée une quinzaine de feux de salve, dont le résultat est excellent : nous voyons dégringoler les pirates. La colonne de la rive droite arrive la première au fort, qu'elle trouve en feu. Nous, notre marche est encore retardée par des rizières, où le courant est très fort et entraîne. Nous avons toutes les peines du monde à réunir nos hommes sur la rive droite. Enfin, nous aussi, nous sommes à Ké-Son.

C'était le chef chinois Kuan-Li qui occupait Ké-Son et le pays. Ké-Son était son repaire. Mais l'absence de la colonne de Son-Tay, qui devait lui couper la retraite, lui a permis d'évacuer avec presque tout son butin.

Aussitôt le fort occupé par nous, nous construisons de nouvelles *cagnas*, ce qui, avec des bambous et avec l'aide de nos tirailleurs, est chose facile. Puis, nous faisons des reconnaissances dans toutes les directions à travers les montagnes; nous tirons et recevons quelques coups de fusil et faisons pas mal de butin : armes, soie, toiles annamites et cochons, chèvres et volailles. Notre popote est ainsi bien approvisionnée, mais nous mangeons du riz en guise de pain, comme de vrais Tonkinois. Toutes les nuits, nous entendons les tigres, et bien près de nous : au pied de nos palissades. Nous en tirons même souvent, la nuit, mais infructueusement, hélas! Le lendemain matin, nous voyons leur larges volcelets. Les maisons (*cagna*) des villages de cette contrée sont élevées comme sur pilotis à 2 m. 50 au-dessus du sol : c'est le préservatif contre la visite nocturne de ces dangereux voisins.

Les deux canonnières et les troupes qui avaient coopéré à cette petite expédition étaient reparties, ma compagnie seule était restée à Ké-Son avec un canon. Nous avons avec nous un ingénieur minéralogiste qui cherche des mines; il prétend en avoir trouvé, et, entre autres, avoir constaté la présence de minerai très riche en mercure.

Dans une de nos reconnaissances, nous tombons sur une petite mine d'or en pleine exploitation : les pirates la défendent, et nous avons eu des morts et des blessés. Un autre jour, ayant appris par des espions qu'une bande commandée par ce fameux Quang-Li était à un certain endroit dans la montagne, nous ne laissons au fort que le strict nécessaire et nous partons au point du jour. Nous avons traversé vingt-sept torrents dans cette marche : je les ai comptés au retour. A l'endroit indiqué, nous surprenons l'ennemi dans son repaire. On se tire presque à bout portant dans les hautes herbes. Un de mes tirailleurs tombe à côté de moi, mais le Chinois qui avait tiré est tué raide par un caporal tonkinois. Ce Chinois paraissant être un chef, on lui coupe la tête, que nous rapportons au bout d'une lance. C'était la tête du redouté Quang-Li. Tous nos prisonniers l'ont reconnu, ainsi que les chefs des villages environnants, qui nous ont apporté des présents en signe de joie et de reconnaissance de les avoir délivrés de ce chef de pirates.

Quan-Li avait commandé l'artillerie à Son-Tay. Les Chinois et Pavillons noirs de sa bande étaient armés de bons fusils remington et même de fusils à répétition.

Dans cette journée, le pauvre ingénieur minéralogiste M. Stockers, qui marchait toujours courageusement, mais fort imprudemment, au premier rang avec moi, a été tué raide, d'une balle dans la tête tirée à bout portant. Nous lui avons fait des obsèques simples, mais imposantes dans leur simplicité. Le capitaine a prononcé quelques mots sur la fosse de cette victime du travail, un sous-officier a récité un *Pater* à haute voix, et la cérémonie a été terminée (2 octobre). Ce jour-là, nous étions, sans le savoir, hélas! tout près d'une caverne dans la montagne, où Kuan-Li avait son trésor.

Dans un autre engagement, à Mong-Hoa-Chat, village où se faisait un grand commerce d'opium, comme je regardais au bras d'un pirate qu'un de mes hommes venait de tuer un assez singulier bracelet d'argent, le tirailleur coupa ce bras, retira le bracelet et me l'offrit.

Nous mîmes le feu au village, et la grande quantité d'opium brûlé répandit au loin une odeur des plus agréables pour ceux qui aiment cette fumée enivrante.

Ce fut à Ké-Son, dans les premiers jours d'octobre, que je reçus par le même courrier deux lettres, une du capitaine de Wignacourt, de la part du général en chef, m'offrant de devenir maréchal des logis au 1er chasseurs d'Afrique et son porte-fanion. Je pouvais même être son porte-fanion en restant aux tirailleurs. L'autre, du capitaine Fortoul, à l'état-major du général de Négrier, me conseillant de la part de son général de demander cette place vacante de maréchal des logis au 1er chasseurs d'Afrique. Je n'ai pas hésité et ai fait la demande. Ce fut dans la première quinzaine de novembre qu'un *tram* m'apporta à Ké-Son l'ordre de rejoindre l'escadron à Hanoï. Les hommes de ma section et de ma compagnie tout entière me firent des adieux fort touchants, me manifestant avec leur façon naïve leurs regrets de me voir les quitter. J'aimais ces petits tirailleurs avec lesquels je vivais depuis trois mois. Je passais à leurs yeux pour un géant, la taille et la force physique ayant encore un grand prestige sur ces peuples primitifs. Mes officiers furent aussi très bons : ils me manifestèrent leurs regrets de mon départ. J'étais proposé pour être nommé sous-lieutenant; mais mon colonel me dit que, puisque je quittais le corps, il lui semblait juste de proposer un autre sergent, qui a été nommé. Si au moins j'avais attrapé la médaille militaire! L'expédition de Ké-Son n'ayant pas réussi aussi complètement qu'elle le devait, le petit corps expéditionnaire n'obtint pas les récompenses qu'il était, du reste, en droit d'attendre; mais le colonel de Maussion était aussi modeste et réservé pour ses hommes qu'il l'était pour lui-même.

Je partis donc sur un petit sampan de bambous avec mon sac et mon revolver. Je n'aurais pas dû partir ainsi seul, car le pays était infesté de pirates. Mais j'étais pressé. Lorsque le fond de la rivière me le permit, je pris un plus grand bateau conduit par deux vieilles femmes. La nuit était arrivée : les trompes des pirates retentissaient sur les rives, on entendait aussi des coups de fusil; mes deux vieilles batelières ne voulaient pas continuer, et j'eus de la peine à les forcer à rester au milieu de la rivière. Un violent orage ayant éclaté, je me réfugiai sous la pagotte du bateau. Sentant une secousse, je regarde : mes vieilles femmes m'avaient lâché; j'étais seul! Je me maintins alors de mon mieux au milieu de la rivière avec mon revolver à côté de moi. Je restai ainsi trois heures l'oreille au guet, lorsque, au milieu de la nuit, ma barque fut accostée par hasard par un autre bateau. C'était un petit sampan monté par deux femmes annamites qui, par une vraie chance, se trouvaient être les femmes de deux de mes tirailleurs qui allaient à Hanoï renouveler leurs provisions. Nous nous reconnûmes dans la nuit; elles lâchèrent leur sampan et montèrent dans mon bateau, plus grand : et c'est ainsi que je gagnai Mi-Luang, d'où je me dirigeai à pied, toujours en compagnie de mes deux congaï, par Phu-Quo-Quaï et Kao-do, deux fortes étapes, mais j'étais entraîné et mes deux compagnes étaient d'intrépides marcheuses, jeunes et gaies.

En arrivant à Hanoï, je me présentai à l'état-major et j'entrai immédiatement dans la peau d'un chasseur d'Afrique.

CHASSEUR D'AFRIQUE

PORTE-FANION —— ÉTAT-MAJOR

Je ne trouvai pas à Hanoï le général Brière de l'Isle. Mais je fis mon service à l'état-major de la deuxième brigade (Négrier). Je fus reçu à merveille par tous ces messieurs, qui furent charmants pour moi. J'appris alors un peu tout ce qui s'était passé pendant les trois mois que j'avais passés aux tirailleurs. On avait fait de nombreuses expéditions, que je ne raconte pas, n'y ayant pas pris part. Le général de Négrier avait été blessé, mais il était guéri alors. Les troupes étaient épuisées et l'effectif réduit de moitié, et mon pauvre 143ᵉ, qui n'avait pas été renvoyé en France comme il devait l'être, et que je regrettai d'avoir quitté en apprenant ses combats, avait été cruellement éprouvé. Mon ancienne compagnie était réduite de moitié. Les soldats s'étaient admirablement battus. Beaucoup avaient marché pieds nus. Et combien de mes camarades étaient morts! Le capitaine Cuvellier a été décapité et horriblement mutilé. Deux de mes camarades sous-officiers, tués! Mon ancienne compagnie, n'ayant plus de cartouches, a chargé à la baïonnette! Le capitaine Kerdrain, du 23ᵉ, avec lequel j'ai été embarqué sur le *Shamrock*, a été blessé de deux coups de lance dans un combat. Les Chinois s'apprêtent à lui couper la tête : il reçoit un premier coup, que son casque protège; il n'a la nuque qu'un peu entamée; il va recevoir le second coup, le bon celui-là, quand ses hommes tuent ces deux coupeurs de têtes à bout portant! C'est le capitaine Kerdrain lui-même qui m'a raconté son odyssée à Hanoï. Enfin, je suis fier de mes anciens camarades de la ligne. Mais, avec tout cela, on ne peut plus rien entreprendre pour le moment, et ce serait cependant la bonne saison. On se chipote en France pour nous envoyer les *renforts nécessaires*. Mon Dieu, que tout cela est mal conduit! Les Chinois, malgré les échecs que nous leur avons infligés, se fortifient et reprennent de l'assurance. Ils sont maintenant joliment bien armés; ils ont des canons krupp, des fusils à tir rapide et même à répétition; ils ont de la poudre et des cartouches anglaises à profusion. Si nous avions maintenant les renforts promis, nous devrions les écraser et aller à Lang-Son, où ils accumulent leurs défenses, nous le savons; mais les renforts seront insuffisants, arriveront trop tard, et tout sera à recommencer.

Le général Brière de l'Isle est arrivé. Je lui ai été présenté et il a été charmant pour moi. Il paraît que je lui avais été chaudement recommandé par les deux amiraux Duperré; je sais aussi par une lettre de mon père que je le suis par des parents de sa femme qui connaissent Mmes de Juigné et de Talhouët. Le général Brière de l'Isle est un brave et excellent homme, et je vois à la façon dont il me traite que je serai fort bien avec lui. Il m'a chargé de tenir son cahier de correspondances les plus intimes, ce que l'on appelle *le confidentiel*. Je remplace auprès de lui Champvallier, qui vient d'être nommé sous-lieutenant. Matériellement, je suis à merveille. J'habite une chambre *seul*, dans les dépendances du quartier général. Je mange avec plusieurs camarades, et nous avons un cuisinier annamite merveilleux! Nous donnons des dîners! Je suis chargé de tous les chevaux de l'état-major; et ces messieurs, très gracieusement, m'autorisent à les monter. Je vais, quand j'en ai le temps, me promener dans les environs d'Hanoï, puis j'accompagne mon général, fort actif; mais j'ai payé mon tribut à la fièvre et à la dysenterie, je me suis ressenti des fatigues de Ké-Son et j'ai été assez pris pendant trois semaines. C'est fini, et je suis prêt à marcher quand on pourra marcher et à porter mon fanion à Pékin, si nous y allons!

Le 1er janvier 1885, je fais les visites du jour de l'an. Pas de visite de famille, par exemple, j'en suis à quatre mille lieues! mais visites aux chefs, qui me reçoivent très aimablement.

Le général reçoit sa nomination de divisionnaire : et moi la décoration de l'ordre du Cambodge! c'est toujours agréable; mais c'est cette diable de médaille militaire que je voudrais attraper!

Nous apprenons un engagement et un succès du général de Négrier, mais nous avons eu dix-neuf tués et soixante-trois blessés. Les Chinois ont perdu six cents hommes. Ils étaient dans des ouvrages à deux rangées de feux et avaient des canons krupp; s'ils tiraient un peu mieux, ils nous tueraient bien du monde. On prépare toujours l'expédition de Lang-Son, et dans ma petite sphère j'ai énormément à faire. J'ai dû cependant, comme intermède, m'aligner avec un de mes camarades de l'infanterie de marine, que j'ai blessé légèrement; heureusement, cela ne s'est pas su. J'ai un cheval de Manille et j'ai acheté l'équipement du colonel Brionval, décédé.

Enfin, quelques pauvres petits renforts étant arrivés, nous partons le 28 janvier; nous allons par terre jusqu'à Dap-Cau; là, nous remontons le fleuve sur la canonnière *l'Éclair*, jusqu'à Lam, à quelques kilomètres de Chu. C'est là qu'a lieu la concentration.

COLONNE DE LANG-SON

Le 3 février, la colonne se met en marche, nous passons par le col de Deo-Van. Après avoir enlevé une position assez forte, nous débouchons dans une sorte de grand cirque parsemé de mamelons, sorte de pitons fortifiés. Nous en comptons plus de deux cents ! Il faut les enlever un à un, et dans chaque fort on trouve des munitions en quantité. Les troupes sont pleines d'ardeur et se battent avec acharnement. Le soir, nous bivouaquons au milieu des cadavres. Pendant la journée, l'état-major du général en chef a été fort exposé.

Le 6, le combat continue jusqu'à Dang-Son, où nous passons trois jours pour laisser reposer les troupes, qui en avaient grand besoin, et pour attendre l'arrivée des convois.

Quoique tout ait été fort minutieusement prévu, ordonné et préparé, cependant, moi, par exemple, à l'état-major, je suis resté une fois trente-six heures sans manger, et le général en chef lui-même n'a pas dîné.

Le 11, nous retrouvons les Chinois plus nombreux, et l'état-major reçoit un feu très vif en passant par un sentier à flanc de coteau où nous défilons un à un. Le 12, combat toute la journée à Pho-Vi et à Bac-Viau. Mon camarade et ami, le fils du général Bossan, qui était officier d'ordonnance du général en chef, est tué raide à côté de moi. Je l'ai enterré et

3

lui ai rendu les derniers devoirs; j'ai planté une petite croix grossière sur la terre qui recouvre mon pauvre camarade.

Dans cette journée, pour ne citer qu'un exemple de l'acharnement avec lequel les Chinois défendaient leurs positions, le bataillon de tirailleurs algériens a eu cent cinquante-trois hommes hors de combat!

Le 13, à midi et demi, nous entrons à Lang-Son. Les Chinois se battent encore à Ki-Lua, à 1 kilomètre environ en arrière; mais ils sont dans une position tellement désavantageuse que l'artillerie les balaie et qu'ils opèrent une retraite précipitée.

J'apprends que je suis proposé pour le grade de sous-lieutenant; j'aurais mieux aimé la médaille militaire : j'aurais tant voulu l'avoir! Mais je ne suis pas encore nommé, et d'ici là, qui sait?

TUYEN-QUAN

Ce fut à Lang-Son que le général apprit la situation critique
de la garnison de Tuyen-Quan, assiégée par l'armée du
Yunnan et les Pavillons noirs de Li-Vinh-Phuoc. Le général
laisse à Lang-Son le général de Négrier et part en emmenant
la brigade Giovanninelli au secours du commandant Dominé.

Nous quittons Lang-Son le 16. Nous passons par Bac-Lé
et Kep. C'était la route qu'avait suivie la première colonne
qui avait été envoyée à Lang-Son. Le 20, nous sommes à
Hanoï. Les troupes se concentrent le 23 et le 24 à Bac-Hat.

Le 27, nous arrivons à Phu-Doan. Le pays est très monta-
gneux. Les montagnes sont couvertes de forêts et de fourrés
impénétrables.

A Phu-Doan, à Yuoc et à Haumoc, nous nous heurtons à des
ouvrages fort savamment construits, des casemates à deux
rangs de feux. Nous étions là en présence de Li-Vinh-Phuoc et
de quinze mille Pavillons noirs. L'ennemi était invisible, caché
dans ses ouvrages, d'où il faisait un feu d'enfer. Une compagnie de tirailleurs tonkinois est écrasée et un de mes bons
amis, le sergent Roy, qui a la jambe brisée, est achevé par les
Chinois; je vois son cadavre horriblement mutilé! Ce n'est
qu'après cinq assauts et des charges à la baïonnette que nous
parvenons à nous emparer de ces ouvrages. Le combat dure

toute la nuit, et à plusieurs moments le général, ayant des craintes sérieuses d'être tourné, a été sur le point d'ordonner la retraite; ce n'est que le lendemain matin que les dernières défenses sont enlevées. Ces combats nous ont coûté quatre-cent soixante et un hommes, dont vingt et un officiers, sur un effectif de deux mille cinq-cents hommes! Mais l'ennemi bat en retraite, et le 4 mars nous délivrons Tuyen-Quan.

Le général embrasse le commandant Dominé, qui depuis près de trois mois soutenait un siège héroïque.

Nous visitons les travaux d'approche des Chinois. C'est extraordinaire! ils sont arrivés jusqu'au pied des remparts au moyens de tranchées couvertes; ils ont fait jouer la mine et donné je ne sais combien d'assauts; ils devaient avoir avec eux certainement des officiers de génie européens. Les cadavres sont encore sur les brèches, et c'est une infection! Je retrouve là quelques camarades qui me donnent de curieux détails de ce siège.

Quant aux combats que nous avons livrés, ils ont dû être racontés en détail, car nous avions avec nous les correspondants du *Times*, du *Standard* et du *Temps*.

Je suis reparti pour Hanoï avec mon général le 7 mars.

Nous passons à Hanoï quelques jours assez tranquilles. C'est à ce moment qu'est arrivé mon cousin Gaston de Gontaut. Je lui donne l'hospitalité dans ma cagna en attendant le retour du général Giovanninelli, dont il doit être le porte-fanion, et je lui fais les honneurs d'Hanoï. Les zouaves qui viennent d'arriver ont une affaire du côté de Hong-Hoa dans laquelle ils perdent vingt-trois hommes et un officier.

DÉSASTRE DE LANG-SON

C'est à la fin de mars qu'arrive la fatale nouvelle de la bataille de Ki-Lua, de la blessure du général de Négrier, de la retraite, de la déroute, du désastre, en un mot.

Le général en chef voit le général de Négrier grièvement blessé à son arrivée à Hanoï. Je vois Berge, son officier d'ordonnance, blessé aussi, mais légèrement, et nous partons immédiatement pour Chu, au-devant des troupes en retraite (2 avril).

Que s'était-il donc passé? Hélas! ce qui est arrivé était fatal : c'est la conséquence de la façon dont le gouvernement et les Chambres ont toujours conduit de Paris les affaires du Tonkin, et de la parcimonie avec laquelle on refusait d'envoyer les renforts nécessaires.

Nous voyons arriver à Chu nos malheureuses troupes, épuisées, décimées, une vraie débâcle! Nous apprenons que le général de Négrier, après notre départ et celui de la brigade Giovanninelli, n'ayant plus guère que deux mille six cents hommes, avait ses avant-postes continuellement attaqués par l'armée chinoise, qui savait certainement le petit nombre de ses troupes. Le général est forcé de marcher pour repousser l'ennemi; il brûle la porte de Chine, livre le combat de Ki-Lua, où il est blessé, et, craignant d'être tourné, d'avoir sa retraite coupée et de manquer de munitions, ordonne l'évacuation de Lang-Son et la retraite. Il passe alors le commandement au lieutenant-colonel Herbinger.

Ici commencent les commentaires. Les uns disent que le colonel Herbinger avait bu. Était-il malade? était-il ivre, comme beaucoup de mes camarades l'affirment? Bref, la retraite se change en débâcle! On jette à l'eau une batterie et les six cent mille francs en piastres qui étaient le trésor de la colonne. Et cependant le général de Négrier avait dit au colonel Herbinger : « *Vous n'abandonnerez Lang-Son que quand l'ennemi sera à la pointe de vos baïonnettes* ». A Fo-Vi, on rencontre le convoi de ravitaillement et on le fait rétrograder, on l'entraîne dans la déroute! A Dong-Son, position magnifique, on ne s'arrête même pas! Toujours en retraite, et l'on n'était pas poursuivi par l'ennemi. Des soldats qui s'étaient grisés à Lang-Son avec le tafia abandonné ont rejoint isolément plusieurs jours après à Chu sans avoir été inquiétés! Un légionnaire a été rencontré par une des reconnaissances que le général en chef avait envoyées pour savoir où était l'ennemi, faisant sa retraite tout seul. Il avait pris plusieurs coulis auxquels il faisait porter son sac, son fusil, ses cartouches! Donc cette débâcle est inexplicable. Le général Brière, quand il a pu se rendre compte des choses, a traité durement le colonel Herbinger. Je n'étais pas dans la tente, bien entendu, mais j'étais bien près,... et, ma foi, je comprenais la violente colère de mon général. Herbinger a été renvoyé à Hanoï et son commandement a été donné au colonel Borgnis-Desbordes.

Que de tristes choses j'apprends par mes camarades! M. Mangin, mon lieutenant au 143ᵉ, est mort des suites de ses blessures pendant la retraite. Il avait été amputé. Il avait toujours été particulièrement bon pour moi et nous étions en correspondance. M. Thibout, aussi lieutenant du 143e, ayant été blessé, a roulé au bas d'un mamelon qu'il défendait avec sa compagnie et est tombé vivant aux mains des Chinois, que l'on a vus se ruer sur lui et lui couper la tête! Et tant d'autres!

Enfin, nous voilà maintenant vaincus. Que nous sommes loin de nos victoires de février et de mars! Et tout cela parce qu'on nous marchande quelques malheureux renforts. Si, au mois d'octobre, il y avait eu ici cinq ou six mille hommes de plus, tout serait fini maintenant, tandis que tout est à recommencer. C'est que les Chinois *ne sont plus armés* d'arcs comme du temps de Palikao. Et l'on voulait qu'avec deux mille cinq cents hommes, Négrier remportât la victoire contre trente ou quarante mille Chinois bien armés, avec des canons krupp et des fusils à tir rapide! Mais je les ai vus à Lang-Son, ces Chinois, *manœuvrant à l'européenne*, se déployant sur le champ de bataille par régiments, par divisions, avec leurs *officiers d'état-major* galopant dans la plaine et portant des ordres. J'ai vu leurs canons, leurs fusils et leurs immenses approvisionnements de cartouches anglaises.... *Herbinger, que ce soit l'absinthe*, la fatigue, ou un coup de soleil, n'est qu'un accident. Ce qui nous empêche d'en finir, c'est que le gouvernement et les Chambres refusent au moment voulu d'envoyer les quelques mille hommes qu'il aurait fallu.

J'ai été avec *mon général* visiter pour la seconde fois nos positions de Chu et de Kep. Elles sont pour ainsi dire imprenables. Le général a demandé des renforts et nous attendons pour recommencer à l'automne une nouvelle campagne.

Presque tout de suite après notre retour à Hanoï, sous le coup du désastre de Lang-Son, voilà qu'arrivent les plénipotentiaires chinois, et la paix est conclue! Quel coup de théâtre! Au moment où nous pensions que nous allions peut-être marcher avec une véritable armée à Pékin.

Le général me donne alors la mission de porter à Chu, au colonel Borgnis-Desbordes, les lettres de paix qui devaient être notifiées au général chinois et qui devaient faire cesser les hostilités.

Je suis parti d'Hanoï le 14 avril à cinq heures du soir. J'arrive à Dap-Cau à neuf heures, j'en repars le lendemain matin en chaloupe à vapeur mise à ma disposition; j'arrive à Lam à trois heures, et vais à pied à Chu, où je remplis ma mission auprès du colonel Borgnis-Desbordes. Le colonel me donne des chevaux pour revenir à Lam, où je reprends ma chaloupe à vapeur.

Pendant cette navigation sur le Loc-Nam, j'aperçois sur la rive, à une quarantaine de mètres au plus, un magnifique tigre! mais, hélas! il ne me laisse pas le temps de prendre un des kropatscheks du bord et de lui envoyer plusieurs balles : il disparaît dans les hautes herbes.

J'avais vu en passant à Dap-Cau le général Giovanninelli et mon mi Gontaut. Rentré à Hanoï, j'ai reçu les compliments de mon général sur la rapidité avec laquelle j'avais exécuté ses ordres.

Voilà qu'on annonce l'arrivée de nombreux renforts et la nomination du général de Courcy comme commandant en chef. Nous n'y comprenons rien, car la paix est signée avec la Chine, et nous nous demandons pourquoi remplacer le général Brière? Moi, je suis content de l'arrivée du général de Courcy, qui a toujours été fort bon pour moi, et qui est un ami de mon père.

Il commence à faire terriblement chaud. Rien à faire maintenant avant le mois d'octobre.

Pendant le mois de mai, que nous passons à attendre le général de Courcy, le général Brière s'occupe avec sollicitude de l'état sanitaire des troupes, et il y a fort à faire. Mais mon général, je le vois, est très froissé d'être remplacé dans le commandement. Et il me semble, à moi, qu'il n'aurait pas dû l'être. Du reste, nous ne comprenons absolument rien à la lecture des journaux et à cette séance de la Chambre. On juge bien mal en France le Tonkin et ce qu'il faudrait y faire. Mon général demande à être rappelé. En attendant, il vient de mettre à l'ordre que tout militaire que son service appellerait à sortir de huit heures du matin au coucher du soleil devrait avoir un parasol. La mesure est excellente; mais c'est la première fois, je crois, que l'on voit les soldats de l'armée française avec des parasols!

Les plénipotentiaires chinois sont toujours à Hanoï. Un mandarin parle anglais. Je le vois et cause souvent avec lui. Il trouve que le traité stipule un temps bien court donné à la Chine pour évacuer son armée et les immenses approvisionnements qu'elle avait accumulés depuis des mois. Le général de Négrier est, aux yeux des Chinois, le général redoutable. Mon mandarin me disait : *Ce n'est pas un corps, c'est un esprit.* La blessure du général, que l'on avait cru mortelle, est en bonne voie de guérison. J'ai été le voir et il m'a dit qu'il espérait bien que je recevrais prochainement ma nomination. Mon installation est charmante. Ma cagna est arrangée à merveille. Mon général m'a donné une grande volière, dans laquelle j'ai les plus jolis oiseaux du pays.

J'apprends la mort d'un de mes bons camarades, Lexcellent, maréchal des logis aux chasseurs d'Afrique; il a eu une insolation à Chu. Je fais faire pour lui un service à la mission.

Un des généraux nouvellement arrivés produit un très.

fâcheux effet à l'état-major en disant que lui aussi trouve que les Chinois sont une *quantité négligeable*. Nous ne trouvons pas cela ici, et nous sommes payés pour ne pas le trouver. Il n'aurait sûrement pas tenu ce propos s'il avait assisté aux combats livrés sur la route de Lang-Son et en avant de Tuyen-Quan.

ARRIVÉE DU GÉNÉRAL DE COURCY

Le 2 juin, mes amis Galliffet et de Piennes, officiers
d'ordonnance du général de Courcy, précèdent le général
à Hanoï. Je les reçois et leur fais les honneurs d'Hanoï. Quelle
joie! Le lendemain, arrivée du général, auquel le général
Brière me nomme, car il ne me reconnaît pas avec ma
barbe, et demandait : « *Où est donc mon petit Armand?* » Je
vis beaucoup à l'état-major, où le général, toujours très bon
pour moi, me donne place à la table de ses officiers. Je me
lie bien vite avec tout son jeune état-major : MM. Drouillard,
Schmitz, de Maindreville : je ne parle pas, bien entendu, de
Galliffet et de Piennes. Je suis à même de rendre des petits
services, étant déjà un vieux Tonkinois. Gontaut est pris
comme porte-fanion. Le commandant O'Connor, ami de mon
père, me prend souvent avec lui. On espérait alors pouvoir
former une cavalerie tonkinoise, et dame! je connaissais un
peu les Tonkinois.

Tout ce mois de juin, la mortalité est grande et la chaleur
étouffante.

Les renforts, arrivés à une bien mauvaise époque, fondent
littéralement sans rien faire. Des neuf mille hommes arrivés,
il n'y en a pas quatre mille de disponibles. Le choléra, rapporté de Formose, sévit avec intensité. Le général va à Hué

au commencement de juillet. Guet-apens de Hué. Gontaut est nommé sous-lieutenant et est renvoyé en France; il était fort éprouvé par le climat.

Le 14 juillet, sous prétexte de mauvais temps, le général Brière de l'Isle décommande la revue. Quelle chance! On donne des divertissements à la population. Je reste enfermé chez moi; mais mon boy, qui ne comprend rien au jeu de nos institutions, ne s'explique pas pourquoi je me refuse à pavoiser et pourquoi je lui défends d'illuminer ma cagna. Il doit avoir une triste idée de mon patriotisme.

Je suis un peu découragé, je l'avoue. J'espérais être nommé, et à l'état-major tous pensaient que je le serais. Car, enfin, si j'étais resté au 143ᵉ, puis aux tirailleurs, je serais officier depuis longtemps et j'ai été proposé depuis Lang-Son!

Enfin! le 19 juillet, je reçois une dépêche de mon père qui m'apprend ma nomination, parue à l'officiel le 18. Ma foi, j'aime autant n'avoir pas été nommé pour le 14.

Je suis accablé de compliments de tous, quoique ma nomination ne soit connue que par la dépêche laconique de mon père. Mon général Brière de l'Isle m'invite le soir même à dîner.

Nous lisons dans les journaux qu'il a été décidé par la Chambre de donner au corps expéditionnaire une médaille du Tonkin. Fort bien. Mais un diable de député de la droite fait décider que l'agrafe ne portera pas les noms des faits de guerre. Or, l'agrafe était la chose importante pour nous autres vieux Tonkinois. Il règne, malgré la bonne camaraderie militaire, un peu de jalousie entre les nouveaux arrivés et ceux qui sont depuis longtemps au Tonkin, qui s'y sont battus et qui y ont souffert. Il est bien difficile qu'il en soit autrement, mais quelle maladroite idée a eue ce député! Ah!

les ronds de cuir et les tacticiens en chambre! Que d'absurdités et de maladresses il a été dit et écrit sur ce malheureux Tonkin.

Nous vivons du mieux que nous pouvons. Nous nous réunissons souvent chez l'excellente Mme de Beïre, l'amie de Dupuis, chez laquelle nous prenons des boissons glacées. Mme de Beïre est une Française qui est venue au Tonkin avec Dupuis, qui connaît son Tonkin à merveille, qui sait en imposer avec ses pistolets, qui n'a peur de rien, qui aime les officiers, et que nous aimons beaucoup. Puis, lorsque le service le permet et malgré la chaleur, je vais chasser la bécassine, et il y en a! Mais le choléra continue à sévir. Je fais mon service à l'escadron, car ma nomination est arrivée officiellement. Je suis nommé au 1er chasseurs d'Afrique, *maintenu au Tonkin*.

Les pirates reparaissent. Leurs bandes sont même assez fortes et audacieuses; elles viennent tout près d'Hanoï. Il y a une de ces bandes, commandée par la veuve d'un chef qui a été tué. Cette femme, on le sait, vient jusque dans Hanoï, et l'on n'a jamais pu la prendre! Ce sont les réguliers chinois licenciés qui forment et fortifient ces bandes; mon mandarin m'avait laissé comprendre qu'il en serait ainsi.

Le général de Courcy retourne à Hué, où les choses ne vont pas, paraît-il, sur des roulettes. A-t-on bien fait là ce qu'il aurait fallu faire? Mais l'Annam ne me regarde pas.

Il est un peu question d'organiser une colonne qui irait de Hanoï à Hué; cela serait intéressant, et le général m'a promis que j'en ferais partie. En attendant, on organise une assez importante expédition sur Than-Maï, et l'escadron doit en être. Nous partirons avant que je puisse voir Pierre, qui va arriver à Saïgon.

Au commencement d'octobre, le général Brière de l'Isle

quitte le **Tonkin**. Tous les officiers qui ont servi sous ses ordres lui font de touchants adieux. J'accompagne mon ancien général jusque sur la canonnière qui le conduit à Haï-Phong. Il était fort ému et je pleurais en l'embrassant. Je serai toujours profondément reconnaissant de la bienveillance et de la bonté que le général Brière de l'Isle m'a toujours témoignées.

THAN-MAÏ

Than-Maï, où l'on n'a encore jamais été, est un nid de
pirates et de Pavillons noirs singulièrement renforcés par les
réguliers chinois licenciés. Tout le pays dont Than-Maï est
le centre et la citadelle est compris dans une boucle, une
presqu'île entre le fleuve Rouge et la rivière Claire, à peu près
à moitié chemin de Hanoï et de Tuyen-Quan. L'expédition est
commandée par le général Jamont. Une colonne, sous les
ordres du colonel Mourlan et éclairée par les spahis, doit
remonter le fleuve Rouge sur sa rive gauche, jusqu'au som-
met de la boucle au-dessus de Hong-Hoa. L'autre colonne,
commandée par le général Jamais, a son point de concentration à Bac-Hat, au confluent de la rivière Claire et du fleuve
Rouge. Mon escadron éclaire cette colonne sur la rive droite
de la rivière Claire. Nous devons nous arrêter à la hauteur
des spahis, tâcher de nous rejoindre pour que les deux
colonnes, agissant alors ensemble, rabattent l'ennemi sur
Hong-Hoa, sur le fleuve et les positions occupées par nos
troupes.

Je connais le pays que nous devons traverser, j'ai déjà fait
une partie de cette route en allant à Tuyen-Quan; c'est un
avantage qui me permet de rendre quelques services. Le
pays est très accidenté, très difficile, et la marche sera pénible.

A Bac-Hat, nous emportons le choléra : je perds deux hommes de mon peloton. Le général Jamais perd son neveu, sous-lieutenant. Nos hommes sont assez démoralisés : il n'y a ni secours médicaux ni remèdes. Nous passons nos nuits avec le commandant, O'Connor et Galliffet, qui étaient avec mon escadron, à remonter nos hommes et à les frictionner avec notre eau-de-vie.

A Bac-Liu, nous trouvons le général en chef et le général Jamont, qui étaient venus assister au passage de la rivière. C'est là que j'ai vu Henri de Courcy, qui venait d'arriver de France et qui sortait de Saint-Cyr.

J'avais traversé la rivière le premier, ayant été chargé de reconnaître la rive et de choisir l'emplacement du campement. J'avais un Annamite avec moi, que je dus même tuer comme il cherchait à m'échapper.

Nous reprenons notre marche sur la rive de la rivière Claire ; marche pénible : nous ne pouvons aller un qu'à un. Nous restons quatre jours à Bac-Liu, que nous avons surnommé le *camp de la misère*. Le choléra sévissait ferme.

Nous nous rabattons alors à travers un pays très accidenté et boisé, jusqu'à Cotish, où nous faisons notre jonction avec les spahis de la colonne Mourlan.

Le lendemain, battant le pays, les deux divisions marchant ensemble, nous nous trouvons inopinément devant Than-Maï, que nos cartes et nos renseignements nous faisaient croire beaucoup plus loin de nous.

L'infanterie étant retardée dans sa marche, nous nous trouvons seuls en présence de l'ennemi pendant cinq heures, et nous avons plusieurs engagements. Pendant une reconnaissance que le commandant O'Connor m'avait chargé de faire derrière une colline, je surprends quelques pirates ; ils tirent sur moi, mais sans me toucher, et j'en tue un à bout portant.

L'infanterie et l'artillerie arrivent enfin! mais il était cinq heures du soir et je crois qu'on aurait dû attendre au lendemain; les pièces sont cependant démasquées, et écrasent Than-Maï de feux. Les pirates affolés passent en grand nombre à travers nos lignes pendant la nuit. Le lendemain matin, nous entrons à Than-Maï presque sans résistance. On tue cependant un assez grand nombre de pirates, mais le coup était manqué et nous n'avions pas réussi dans cette battue, dont le plan était bien conçu et pour laquelle on avait fait marcher un véritable petit corps d'armée. Mon escadron rentra à Hanoï les premiers jours de novembre.

Les spahis étaient restés à Than-Maï, à battre le pays. Ils prirent, quelques jours après notre départ, le chef des pirates, qui, envoyé à Hanoï, y fut exécuté. Il mourut avec beaucoup de courage. Sa femme, qui avait assisté à l'exécution, devint peu de temps après la maîtresse d'un officier de spahis, Ben-Couti. Elle était, dit-on, très riche.

En revenant à Hanoï, j'eus une permission de quinze jours et je pus aller à Nam-Dinh embrasser Pierre, qui, arrivé à la fin d'octobre, était au 2e régiment de tirailleurs tonkinois. Quelle joie de nous retrouver! je me suis fait tout de suite présenter à ses chefs, qui ont été fort aimables, qui aiment Pierre et font grand cas de lui. Quand son service le permet, nous chassons un peu bécassines et canards, en abondance. Nous visitons Nam-Dinh, ville des incrustations, et nous faisons quelques emplettes. Enfin, ces quinze jours passent bien vite. Pendant que j'étais à Nam-Dinh, le général en chef y est venu sur sa canonnière; il a été comme toujours particulièrement bon et aimable pour moi et pour Pierre, qu'il aime beaucoup. Pierre a même profité de cette bienveillance du général, sur laquelle il comptait, pour faire transporter sur sa canonnière un grand meuble incrusté que nous voulons envoyer à mon père. Le général, en voyant sur le pont cette caisse encombrante, a souri lorsqu'on lui a dit que c'était Pierre qui l'avait fait porter.

Le jour de Noël, je vais à la messe de minuit à la Mission. Il faisant si beau, si chaud, que nous étions en toile. J'ai fait avec quelques camarades un fort gai réveillon après la messe de minuit. Le réveillon au Tonkin, c'est drôle!

Il n'y a plus rien à faire ici et je demande mon retour en France. J'aurai passé mes deux années au Tonkin, j'y aurai été fait officier, mais je n'en rapporte ni la médaille militaire ni la croix! Ah! si j'avais eu une petite blessure à Lang-Son!

PORTE DE CHINE

Le 1ᵉʳ janvier 1886, je reçois l'ordre de partir avec mon
peloton pour aller renforcer l'escorte de la commission de
délimitation qui se trouve depuis quelques jours à la Porte
de Chine, à Dong-Dang. Cette commission est présidée par
M. Boursier de Saint-Chaffray, que nous appelons « Singe
affreux! » Je suis chef de corps! De Piennes a l'autorisation de
venir avec moi en amateur, et nous faisons gaiement la route,
nous baignant toutes les fois que nous le pouvons dans les
fleuves, rivières et cours d'eau.

Voici nos étapes : Hanoï, Dap-Cau, Phu-Lang-Tuang,
Tham-Ra, Lam-Phu, Fou-Cam (col de Deo-Vuan), Than-Moï
(en passant par Dong-Son) Cut, Lang-Son, Dong-Dang.

De Piennes reste à Lang-Son, à la disposition du colonel
Cretin. Mais, deux jours après, il recevait l'ordre de revenir
immédiatement à Hanoï.

C'est à Dong-Dang que nous apprenons les nouvelles, qui
nous semblent extraordinaires et auxquelles nous ne comprenons rien. Le ministère renversé! le général de Courcy rappelé! Paul Bert nommé gouverneur civil!!! C'est dégoûtant!
écœurant! et j'ai hâte de rentrer en France.

Ici les travaux de la commission de délimitation ne marchent
pas. Les Chinois nous bernent. Ils sont fort bien renseignés sur

ce qui se passe en France, sur les discussions de la Chambre et sur le courant qui pousse à abandonner le Tonkin. Ils ne veulent rien faire avant de savoir, et ils ont ma foi raison. A quoi bon délimiter, si nous devons évacuer? La Chine tient au Tonkin, qui est son grenier d'abondance, non seulement le Delta, mais tout le Tonkin, et nous sommes loin de compte. Leurs commissaires sont autrement huppés que les nôtres : il y a là le vice-roi de la province, et comme escorte il y a une armée de soixante mille hommes. Cette armée ne tarde pas, du reste, à être licenciée; mais il reste un colonel, Theing, avec au moins six mille hommes, et nous ne sommes, nous, que bien peu. Je suis souvent en rapport avec ce colonel, qui est très agréable. Je me suis mis aussi en rapport avec le chef du bureau télégraphique chinois : il parle anglais et j'apprends par lui bien des choses. Il me procure du tabac de Lang-Tchou et plusieurs objets curieux.

Quelque fois, pendant que j'escorte la commission à la Porte de Chine, pendant la conférence le colonel Thieng m'offre à goûter (avec champagne, s'il vous plaît!); il me fait comprendre qu'il trouve ma barbe fort belle et passe ses doigts dedans! Mais que ces Chinois sont donc de malins diplomates! Il est évident qu'ils s'arrangent pour faire traîner les choses en longueur. M. Boursier de Saint-Chaffray disait que nous irions jusqu'à Thal-Ké et même jusqu'à Lao-Kaï. Ah! bien oui! il ne comptait pas avec la diplomatie chinoise.

Il se passe de véritables scènes de comédie. Les derniers jours de la fête de Thet, premier de l'an chinois, voilà qu'ils nous envoient dans nos cantonnements, au grand déplaisir de Saint-Chaffray, plusieurs obus. Nous réclamons immédiatement auprès du colonel, qui nous répond, avec la plus exquise politesse, qu'on avait tiré pour nous faire honneur! qu'on ne savait pas les canons chargés, etc., etc., et la commission chinoise invite alors la commission française à déjeuner, et toujours du champagne! Une autre fois, nous avons deux hommes qui désertent. Je vais trouver mon colonel Thieng : il avait plu, j'avais suivi les pas des deux déserteurs jusqu'à la Porte de Chine, et les factionnaires chinois n'ont rien vu! et je reviens bredouille.

Un jour, les commissaires français avaient tracé au crayon une ligne d'un point à un autre et toute la journée se passa en pourparlers pour décider si la frontière chinoise serait en deçà ou au delà de la ligne.

Le 13 mars, je reçois comme réponse à ma demande régulière de rentrer en France une lettre de l'état-major signée Mourlan, pour le général Varnet, qui commande provisoirement en chef depuis le départ du général de Courcy, qui me dit que « le sous-lieutenant de B. est désigné pour rester au Tonkin et ne pourra, malgré ses deux ans de séjour, rentrer en France que quand il sera pourvu à son remplacement ». En voilà une fumisterie! car il y a à l'escadron plus d'officiers à la suite qu'il n'en faut.

Au commencement d'avril, le colonel Thieng est venu me rendre visite et, dans la conversation, nous dit incidemment que par suite de la conclusion de la paix l'armée chinoise avait été licenciée, et qu'alors, sans qu'il y ait eu moyen de l'empêcher, un grand nombre de soldats réguliers chinois étaient passés au Tonkin avec armes et munitions, qu'ils renforçaient les bandes de pirates, que nous n'étions plus en sûreté ici et que les commissions ne pourraient plus fonctionner.

Quels malins que ces Chinois! Cela a fort impressionné Saint-Chaffray, qui parle de rentrer à Hanoï. Voilà quatre mois que nous sommes ici et l'on n'a rien fait! Les Chinois, comme je l'ai dit, ne veulent pas délimiter, ils veulent tout garder, et en particulier les lacs salés de Ba-Hé, qui sont à peu de distance d'ici.

Si encore j'avais pu chasser! mais cela était sévèrement interdit. Le pays est plein de gibier de toute sorte : faisans (et quels faisans!), perdrix, petits cerfs, et avec cela tigres et léopards. J'ai acheté un jour un tigre et nous avons mangé ses filets. Cela n'est pas par trop mauvais, mais il venait de dévorer deux Annamites.

Enfin, le 17 avril, la commission suspend ce qu'elle appelait ses travaux et nous revenons à Hanoï.

En passant à Phu-Lang-Thuang, j'ai dîné avec mon camarade le lieutenant Schmitz, qui devait être enlevé bien peu de jours après. J'y attrape fièvre et dysenterie et suis forcé en arrivant à Hanoï de me mettre au lit jusqu'à mon départ, qui eut lieu le 8 mai.

Pierre avait obtenu une permission de huit jours pour venir me dire adieu. Il avait quitté Phu-Lam-Thoa en barque et avait fort imprudemment navigué pendant quarante-huit heures sur le fleuve Rouge. Ce pays était infesté de pirates, et il avait oublié son revolver!

Je l'ai embrassé le 8. Je ne devais plus le revoir! Aussitôt revenu à son poste, Pierre fut envoyé avec une cinquantaine de tirailleurs dans un petit poste fortifié dans les montagnes. Il était là, seul, sans médicaments. Il fut atteint de la fièvre typhoïde. Pendant vingt jours il lutta tant qu'il le put, se relevant la nuit pour faire ses rondes et ne voulant pas céder aux instances de ses sous-officiers et quitter son poste. Ce fut lorsqu'il n'eut plus sa connaissance que ses sous-officiers le firent transporter à l'hôpital de Hong-Hoa. Mais il était trop tard, hélas! Pierre rendit le dernier soupir le lendemain 22 juin.

Il venait d'avoir vingt-deux ans! Il repose maintenant dans le cimetière de Hong-Hoa.

Le 10, au moment où je devais m'embarquer à Haï-Phong sur l'*Uruguay*, le médecin principal, M. Zuber, qui visitait les rapatriés, ne voulait pas me laisser partir; mais, quoique en assez mauvais état, je passai outre. Ce pauvre M. Zuber devait être emporté par le choléra quelques jours après!

L'*Uruguay* nous a débarqués à Sidi-Ferruch le 26 juin, après une rapide traversée. On nous fait faire une bête de quarantaine bien inutile de six jours, au bout desquels l'escadron se met en marche pour Blidah. Le colonel avait envoyé des chevaux et une voiture pour mon capitaine et pour moi, qui étions incapables de faire à cheval cette étape de 48 kilomètres. Mais nos chevaux suivaient le break du régiment et nous montions à cheval pour traverser les villages, où nous passions sous des arcs de triomphe, où l'on nous faisait des ovations et où l'on nous jetait des fleurs. A une douzaine de kilomètres de Blidah, nous voyons un nuage de poussière. C'est le régiment tout entier avec le lieutenant-colonel qui vient à notre rencontre.

A gauche, en bataille! — Sabre main! — Présentez sabre!

L'étendard est là. On met pied à terre. Le lieutenant-colonel réunit l'escadron pour lui remettre la médaille du Tonkin et fait un petit discours énergique. Honneur, patrie, armée, gloire du régiment, services rendus, vive le 6e escadron! vive la France! Nous pleurons tous comme des veaux.

L'escadron remonte à cheval, mon capitaine et moi en voiture, et nous faisons une entrée triomphale à Blidah!

Et que dire de la réception faite par le régiment? C'est la fête de famille entre gens qui, on aura beau faire, se sentent encore les coudes.

SOUVENIRS

A LA MÉMOIRE D'UN FRÈRE

Un officier de la Marine française avait fait son nom célèbre dans les lettres; il le rendit glorieux en mourant au service de la France.

Le commandant Rivière tué, la Patrie poussa un immense cri de vengeance, et le gouvernement dut envoyer au Tonkin un corps expéditionnaire. . . . .

. . . .

Parmi les nombreux navires affectés au transport des troupes, se trouvait le *Shamrock.*

. . . .

Le *Shamrock* avait quitté depuis quelques jours la brûlante mer Rouge, et l'océan Indien, dont les colères sont si terribles, se déroulait calme sous un ciel serein, dans la nonchalance de ses vagues. . . . .

. . . .

Si profond que fût dans le cœur des soldats le regret de la patrie quittée, ils n'en laissaient rien paraître dans leurs yeux.

Curiosité de nouveaux ciels, espoir de gloires nouvelles, insouciance de la jeunesse, sentiment du devoir rempli et du sacrifice accompli, de tout cela leur gaîté était faite. Gaîté!!...

peut-être en des heures de silence bien près des larmes! mais gaîté héroïque et fière; un peu celle des amoureux qui ne veulent pas laisser deviner la terrible angoisse d'une séparation prévue peut-être au fond du cœur.

Puis l'homme subit l'influence du changement des cieux.

Comme l'infini lumineux de l'horizon aveugle parfois le regard jusqu'à la sensation du vertige, souvent la distance parcourue en l'étendue des mers traversées apporte-t-elle à l'âme la griserie d'un oubli momentané des êtres et des choses laissées derrière soi.

Pour ces soldats, leur course n'était point vers l'inconnu. Leur pensée se tournait vers un but, quand leurs yeux interrogeaient la mobile profondeur des mers dans l'impatience d'une terre soudain apparue au-dessus des flots.

A vingt ans, est-ce que l'on songe à ce qui n'est plus ou à ce qui doit être? Le présent seul emplit l'âme.

Le *Shamrock* marchait à toute vitesse.

Les troupes qu'il transportait étaient impatiemment attendues là-bas. Il rencontra, l'ayant rejointe et devant la dépasser, la corvette cuirassée *La Galissonnière*, portant pavillon de l'amiral Lespès, en route pour croiser dans les mers de Chine sous les ordres de l'immortel Courbet.

Ce fut une animation à bord du *Shamrock* quand la corvette eut été signalée, une curiosité de la regarder grandir sur la mer à mesure qu'on en approchait, une joie bruyante de la voir, un désir de la saluer.

N'était-ce pas un peu de la France voguant sur cet océan lointain?... Et le souvenir de la Patrie remonta du cœur des hommes à leurs yeux qui se mouillèrent de larmes et passa sur leurs lèvres qui prononcèrent le doux nom, le nom chéri de France!

Les deux navires se trouvèrent bientôt à quelques encablures l'un de l'autre. Les pavillons furent hissés, et dans l'air brûlant, sous la lueur chaude du ciel dont s'embrasait la mer, les saluts furent échangés. Dans le silence de cette solitude, les canons grondèrent dans l'alternante et solennelle réponse des salves, et le transport vint se ranger à tribord de la corvette.

Alors, de *La Galissonnière*, où l'équipage avait pris le poste des jours de fête, sur l'ordre qu'en donna l'amiral en grande tenue au milieu de son état-major, éclatèrent, clairs et stridents dans leur chant de tristesses passées et de gloires futures, les refrains de *la Marseillaise*, jouée par la musique du bord.

Ah! si loin, si loin de leur pays, dans cette immensité déserte, ces hommes perdus au fond de ces mers méchantes, allant vers le but mystérieux de leur destinée, ignorant s'ils repasseraient jamais sous ce ciel que d'autres cieux prolongeaient, et sous lesquels les emportait, au ronflement de ses machines, le *Shamrock*, leur dernière garnison peut-être!

. . . .

Tous ces hommes, soldats et officiers, à cette musique qui évoquait la vision sanglante des anciennes victoires et des récentes défaites de la Patrie, toute sa gloire et tout son martyre, sentirent en eux comme un immense élan d'héroïsme et d'attendrissement. Les sanglots coururent les rangs.

. . . .

L'intense lumière d'Orient n'était plus le soleil, mais une auréole grandiose dans laquelle ils avançaient. Dans les sons de cette marche « en avant » passaient tous les bruits de la Patrie absente : murmure du vent dans les bois, sur les grèves, sous les portes mal closes de la vieille chaumière, à travers les blés, le chant mélancolique des laboureurs au travail matinal, roulement continu des grandes cités, indistinctes et confuses rumeurs des crépuscules d'été et des nuits odorantes du printemps.

Ce ne fut plus un chant de guerre, encore moins un chant d'émeute, non, c'était la voix imposante d'un peuple qu'ils entendaient, ces hommes, et ils l'écoutaient religieusement, la tête découverte, en disant les paroles de l'hymne comme celles d'une prière, les yeux pleins de larmes dans l'adoration des souvenirs réveillés comme s'ils assistaient à la messe de la Patrie.

. . . .

Puis le *Shamrock*, dans un rugissement de la vapeur lâchée, reprit sa course et sa vitesse et, laissant *La Galissonnière* dans son sillage, il s'enfonça vers le lointain, longtemps encore poursuivi par la musique sacrée qui, faible, plus faible, sons perdus dans les airs, arrivait par intervalles, portée par la brise, et s'éteignait dans le murmure de l'espace.

Longtemps aussi les hommes regardèrent le sillage, frêle et léger fil d'écume d'un navire à l'autre.

. . . .

. . . .

On s'est héroïquement battu . . . .

Là-bas, sur cette terre lointaine, le sang français a coulé; et cette terre est française maintenant!

Au martyrologe de l'armée, livre d'honneur et de gloire, que de feuillets on a dû ajouter! Il y a eu des morts glorieuses et d'obscurs dévouements. Les uns sont tombés sur le champ de bataille, d'autres ont agonisé lentement et se sont vus mourir; au cœur le souvenir des êtres chéris, dans l'âme le désespoir. Et, mourir pour mourir, combien il est plus cruel pour le soldat d'agoniser à l'hôpital que de tomber sur le champ de bataille!

La mort a passé. La campagne continue.

La France envoie toujours des soldats, elle rappelle aussi tous ceux que la guerre et la maladie ont mis dans l'impossibilité de continuer la lutte.

Elle se souvient qu'elle est mère, elle veut revoir les enfants qui l'ont si courageusement défendue.

. . . .

Victimes du feu de l'ennemi et du climat meurtrier s'embarquèrent à bord de l'*Uruguay*. Ils sont là : artilleurs et spahis, pontonniers, tirailleurs algériens, infanterie de ligne, légion étrangère, chasseurs d'Afrique. Dans chaque détachement, on pense aux camarades qui ne sont plus.

Que l'on fasse l'appel du départ et l'on répondra bien souvent : Mort au champ d'honneur !

. . . .

Hélas ! que le retour est loin de ressembler au premier voyage !

Combien pensent dans leurs maladives rêveries que le trajet est long, la traversée mauvaise, et qu'ils ne reverront peut-être pas la France. Songes ? Pour beaucoup, la réalité ! Certes, la joie est grande de quitter cette terre douloureuse où beaucoup ont laissé de leur sang, où chacun a laissé un peu de son âme, mais la gaîté est la vertu par excellence des soldats français.

Si la mort continue son œuvre, si, comme les requins, elle marche dans le sillage du navire, ne se sont-ils pas tous familiarisés avec elle pendant les épreuves subies, ces jeunes hommes dont pas un ne peut dire qu'il ne l'ait rencontrée sur sa route et qu'il ne lui ait point parlé !

Et de quoi les soldats, qui sont de grands enfants à leurs heures, ne s'amusent-ils pas ? Ils rapportent tous un souvenir de leur passage là-bas, des perroquets, des oiseaux, des singes. Et de ces bêtes, ils se sont fait des amis et une récréation.

. . . .

Mais après le détroit de Malacca la mer devient mauvaise, elle balaie le pont et emporte beaucoup de ces pauvres animaux.

Les hommes, déjà éprouvés, souffrent davantage. La gaîté s'en va dans la tempête.

Cela ne serait rien si, chaque jour, un boulet au pied, plié dans une toile à sacs, un homme n'était laissé en route. Un coup de canon, le pavillon qui s'abaisse, et, devant le flot qui se referme, le navire qui poursuit sa marche.

On avance vers le terme du voyage. Quelques jours de traversée à peine en séparent le transport.

Dans les eaux où le *Shamrock* rencontra *La Galissonnière*, l'*Uruguay* s'arrête.

Il est bien seul dans l'océan Indien. Aucune voile n'est signalée.

Tout le monde est rangé sur le pont et dans les batteries.

Ils sont là quelques-uns des passagers du *Shamrock*; ils ont certainement présent à la mémoire le souvenir du vaisseau amiral et du rêve de gloire qu'ils firent en entendant *la Marseillaise*....

Pour le capitaine X..., ce beau rêve est fini. Il s'est héroïquement conduit, il a payé de sa personne, il a bravé la mort sur les champs de bataille, mais elle a fait la coquette avec ce vaillant et traîtreusement elle est venue le surprendre pendant la traversée du retour. Elle l'a étendu sur un lit d'infirmerie, elle n'a pas voulu qu'il reposât dans la terre natale : c'est sous le ciel d'Orient qu'elle lui a donné son baiser glacial, et c'est au fond de l'océan Indien qu'il dormira son éternel sommeil.

Tous ont voulu rendre un dernier hommage à cet officier qui meurt loin de la France.

La mort du soldat est une mort sacrée.

Le champ d'honneur ne se clôt pas au champ de bataille.

Ceux qui sont tombés durant la route, ceux qui, la bataille finie, ont marqué de leur sang la place où ils sont venus mourir, tous ceux qui sont partis jeunes, ardents, l'espoir de leur famille, et qui ne sont pas revenus, que la mort les ait couchés dans la mêlée ou après les sonneries, sur la terre du Tonkin ou pendant le retour, ceux-là sont mort pour la Patrie. La gloire est la même pour tous!

Officiers et soldats, hâves, défaits, fatigués de la route et des souffrances endurées, se sont rangés tête nue. Un officier, la voix sourde, a récité les prières et dit en pleurant quelques paroles d'adieu.

Un coup de canon déchire l'air. Tristement, le pavillon s'abaisse sur les flots où le corps a disparu dans une trouée d'écume qui se referme, trace vite effacée dans l'éternelle mobilité de la mer.

Un silence d'angoisse est tombé. « En avant tout! », et le vaisseau continue sa marche vers la France.

EN GARNISON

PENSÉES D'UN LIEUTENANT DE DRAGONS

D'après tout ce que nous ont rapporté ceux de nos camarades qui ont eu la chance de faire partie des grandes manœuvres de l'Est, l'infanterie a été magnifique, mais la cavalerie moins brillante.

Alors nous nous demandons ce que nous autres officiers de cavalerie nous avons à faire pour que l'arme que nous aimons, dans laquelle nous sommes fiers de servir, soit à la hauteur du rôle qu'elle aura à jouer dans la guerre future.

*
* *

Simple lieutenant de dragons, je n'ai pas l'outrecuidante prétention de dire quels devront être dans les batailles de l'avenir le rôle, la mission et le devoir de la cavalerie : et cependant la plupart d'entre nous ont atteint et même dépassé l'âge qu'avaient les vaillants chefs qui, dans les grandes guerres du commencement du siècle, ont commandé la cavalerie française !

Pour apprendre ce que nous aurons à faire, nous lisons ce qu'ils ont fait et nous nous demandons avec un orgueil qu'il nous est bien permis d'avoir pourquoi nous leur serions inférieurs?

Des ouvrages récents nous ont passionnés en nous retraçant la vie et les exploits de ces grands capitaines de cavalerie. Parmi ces ouvrages, deux nous ont particulièrement intéressés. Les mémoires du général baron de Marbot et les notices biographiques du général Thoumas sur les grands cavaliers du premier Empire.

Quel grand rôle a joué à cette époque la cavalerie française! Ses charges héroïques ont décidé la victoire. Charger, charger à fond : tel est le rêve de tout officier de cavalerie. Dans les charges, le rôle de l'officier est facile. Obéir, se lancer avec ses hommes là où on l'envoie, et faire mieux ou du moins aussi bien que les autres.

Mais, dans les batailles futures, la cavalerie sera-t-elle appelée à jouer ce même rôle qu'elle a si magnifiquement rempli dans les grandes batailles du commencement du siècle?

La transformation de l'armement de l'infanterie, la portée, la rapidité, la précision du tir ont changé certainement l'action de la cavalerie, chargeant par grandes masses. Ces masses et ces unités auront d'autres rôles, d'autres missions, d'autres devoirs à remplir, missions, rôles et devoirs qu'elle saura remplir, nous en avons la confiance.

Mais, avant d'étudier ce que, sous-lieutenants et lieutenants, nous aurons à faire, qu'il me soit permis de jeter un rapide coup d'œil sur ce qu'ont fait ceux que nous devons prendre pour modèles.

* *

A Marengo, ce sont les charges de la cavalerie de Kellermann qui décident la victoire..

Après Ulm, Murat se lance à la suite de l'armée de l'archiduc Ferdinand.... En cinq jours, du 16 au 20 octobre, il fait faire une course de quarante-cinq lieues à sa cavalerie, qui livre huit combats, fait quinze mille prisonniers, prend cent vingt-huit canons et cinq cents caissons!

A Austerlitz, la grande armée avait trente-huit régiments de cavalerie, vingt-deux mille hommes. La division Kellermann, à elle seule, fournit dix charges distinctes.

L'empereur Napoléon employait dans sa tactique les masses de cavalerie que, dans son génie de la guerre, il réservait pour frapper le coup désisif qui gagnait la bataille.

Outre la cavalerie attachée à chaque corps d'armée, il y avait dans la Grande Armée des divisions de cavalerie que l'on appelait alors *réserves de cavalerie* : c'est ce que nous nommons aujourd'hui *cavalerie indépendante*. Ces corps, qui avant la bataille, au début des campagnes, marchaient à plusieurs journées en avant de l'armée, étaient accompagnés d'une nombreuse artillerie légère.

Dans la campagne de Prusse, Murat avait sous ses ordres quarante régiments de cavalerie, et quelle cavalerie! Elle fit des prodiges. C'est dans cette campagne que le général Lassalle prit la place forte de Stettin rien qu'avec des régiments de cavalerie légère. Ce qui fit que l'empereur écrivit à Murat :

« Mon frère, je vous fais compliment sur la prise de Stettin : si votre cavalerie prend des villes fortes, il faudra que je licencie le génie, et que je fasse fondre mes grosses pièces. »

. . . .

Après cette étonnante campagne pendant laquelle la cavalerie fit des prodiges et finit par faire capituler Blücher, qui commandait le dernier corps de l'armée prussienne, Murat écrivit à l'Empereur : « Sire, le combat finit faute de combattants; votre cavalerie va se mettre en marche pour rallier la Grande Armée à Berlin.... »

. . . .

Mais la cavalerie ne se reposa pas. Après la campagne de Prusse, celle de Pologne en plein hiver.

Pendant la sanglante bataille d'Eylau, un corps d'armée russe avait déjà écrasé le corps d'Augereau et s'avançait près de l'endroit où se tenait l'Empereur. Il appelle Murat et lui dit : « Vas-tu nous laisser dévorer par ces gens-là? »

Murat lance alors toute sa cavalerie contre les Russes. Rien ne put résister à la furie de ces charges. Les deux premières lignes furent rompues et couchées par terre. De nouvelles charges traversèrent toute l'armée russe. Ce fut ce gigantesque effort de la cavalerie qui décida la victoire, victoire, du reste, sanglante et presque indécise. Détail curieux, dans cette charge gigantesque, ce furent les régiments de cavalerie légère qui furent lancés les premiers.

Après une telle campagne, de tels combats, de telles fatigues, la cavalerie était épuisée : il fallut la refaire. On a calculé que, pendant un mois, en plein hiver, des régiments avaient fait en moyenne 40 kilomètres par jour! Dans ces rudes campagnes, certains régiments, les plus éprouvés, ont eu la colossale consommation de trois chevaux par homme! Mais aussi quels services avait rendus la cavalerie! que de pages glorieuses! quelles charges elle a su fournir sous les vaillants chefs qui la commandaient! Murat, Kellermann, Lassalle, Montbrun, Bessières, Belliard, Milhaud, Espagne, Klein, d'Hautpoul, les Colbert, Sainte-Croix, Grouchy, Nansouty, Caulaincourt, la Tour-Maubourg, Pajol, Lepic, et tant d'autres dont les noms sont gravés sur les pierres de l'Arc de Triomphe!

Au printemps, cette cavalerie était redevenue magnifique. Au commencement de mai, Murat passa en revue et fit manœuvrer dix-huit mille cavaliers, les premiers du monde.

Ces régiments, aguerris après de telles campagnes, rendirent de grands services et eurent de glorieuses journées en Espagne et en Portugal. Au nombre de ces pages, il faut citer les charges de la bataille de Médelin, de Tudela, de Vicomero, de la Tormès, de Somosierra, d'Alméida, de Pombal, etc.

Le rôle de la cavalerie fut très dur et très pénible en Espagne et en Portugal.

Dans la campagne de 1809, outre l'Autriche, les réserves de cavalerie remplirent leurs glorieuses missions accoutumées aux grandes batailles d'Essling et de Wagram. A Essling, il y eut une mêlée de quinze mille cavaliers. En deux jours, les régiments commandés par Lassalle perdirent la moitié de leurs effectifs!

Pour la campagne de Russie, la Grande Armée, sans compter les régiments de cavalerie attachés à chaque corps d'armée, avait, sous les ordres directs de Murat, une réserve de trente-six mille cavaliers avec une artillerie légère de cent quarante canons!

Depuis le passage du Niemen (14 juin) jusqu'à la bataille de la Moskowa (7 septembre), la cavalerie, lancée en avant de l'armée sous les ordres de Murat, livra de nombreux combats à Wilna, à Ostrowno, à Witepsk, à Incowo, à Krasnoï, à Grodnowo, à Kalotskoï, à Golowina.

A la bataille de la Moskowa, la cavalerie, quoique déjà bien épuisée, porta cependant encore le coup décisif.

Les cuirassiers, commandés par Caulaincourt, reprirent la grande redoute de Somenoffskoï. C'est au moment où il y pénétra par la gorge que Caulaincourt tomba mortellement atteint. La bataille était gagnée, mais chèrement payée.

Murat galoppa au delà de Moscou sur la route de Kazan, puis eut à soutenir un combat acharné à Winkowo. Ce combat fut le dernier coup porté à cette admirable cavalerie. Quand, après la retraite, ce qui restait de la Grande Armée repassa le Niemen, il n'y avait plus que quelques centaines de cavaliers !

Dans la campagne de 1813, la cavalerie, reformée à la hâte, comprenait encore cinq puissantes divisions.

Sous les ordres de Murat, qui était revenu se mettre à sa tête, elle contribua à la victoire de Dresde, où elle fit douze mille prisonniers.

A Wachau et à Leipzig, la cavalerie fit encore de grands efforts, et porta des coups qui furent rendus stériles par le nombre des ennemis qu'elle avait à charger.

A Waterloo eut lieu enfin le dernier grand effort de la cavalerie. Toute la journée, ses quinze mille cavaliers chargèrent héroïquement les carrés anglais sur le plateau de Mont-Saint-Jean. Mais, n'étant pas soutenus par de l'infanterie, n'ayant plus de réserves, et Blücher étant arrivé avec trente mille hommes à la fin de la journée sur le champ de bataille, leurs sacrifices furent inutiles.

Longtemps après, on demandait à Wellington ce qu'il avait vu de plus extraordinaire pendant sa longue carrière. Il répondit sans hésiter : « Les charges de la cavalerie française à Waterloo ».

*
* *

Ainsi, de cette rapide revue de tous les champs de bataille de l'Europe de 1800 à 1815, il ressort que, dans toutes ces grandes batailles, ce fut la cavalerie employée par grandes masses qui porta les coups décisifs.

Quel rôle est destiné aux corps de cavalerie indépendante dans les prochaines campagnes?

Ce rôle, je n'ai certes pas la prétention de l'indiquer. Ce que nous savons, c'est que la cavalerie aura de grandes choses à faire. Dès la déclaration de guerre, elle sera lancée en avant pour troubler la mobilisation et gêner la concentration. Puis, le jour de la bataille, le général en chef saura utiliser sa force. Sans que nous puissions espérer revoir les charges héroïques d'Eylau et de la Moskowa, notre arme aura cependant de grandes choses à faire.

Mais, outre les corps de cavalerie indépendante, il y a la portion de cavalerie réglementaire, attachée à chaque corps d'armée. Qu'auront à faire les officiers de ces régiments? C'est à ce *service en campagne* que nous devons penser sans cesse. Lorsque, après la mobilisation et la concentration, le corps d'armée ne sera plus qu'à quelques journées de marche du corps ennemi, c'est alors que commencera à proprement parler notre rôle d'officier de cavalerie.

Nous devrons être employés à entourer, à éclairer, à renseigner le corps d'armée auquel nous appartiendrons. Des petits détachements lancés dans toutes les directions devront reconnaître le terrain, les passages, les avantages de telle position pour l'attaque ou la défense : voir, savoir, reconnaître sur quel point l'ennemi se dirige et là où il est le plus faible ou le plus en force. De petits détachements peuvent se dissimuler, en certains cas bousculer des patrouilles et des grand'gardes, inquiéter l'ennemi de toutes façons, couper les fils télégraphiques, faire prisonniers les porteurs de dépêches; dans d'autres cas, accompagner et protéger les officiers d'ordonnance et les aides de camp de notre armée.

Ces petits détachements, insaisissables par leur mobilité, peuvent et doivent tenir l'ennemi constamment en éveil.

Le tir rapide de nos mousquetons peut permettre à quelques hommes dissimulés, la nuit, de faire croire l'ennemi à une attaque, à une surprise. Si l'ennemi a établi pour son usage quelques voies ferrées, un détachement peut, par une pointe hardie, faire sauter plusieurs mètres de rails avec des cartouches de dynamite. Si le détachement est parvenu à surprendre, à deviner la marche et la direction d'une troupe quelconque, il peut rapidement, à un endroit choisi, placer quelques cartouches de dynamite, qui, si elles font explosion au moment opportun, troubleront la marche.

Ces petits détachements, pendant leur service de quelques heures, vingt-quatre, quarante-huit au plus, doivent avoir toujours leurs chevaux sellés et bridés. Pour les hommes, ni repos, ni sommeil; ils devront avoir dans leur sacoche un peu de nourriture concentrée; et il serait à désirer que l'on pût trouver également pour les chevaux une nourriture concentrée que le cavalier ferait manger à son cheval dans sa main, comme un morceau de pain ou de sucre.

Il est évident que, pour ce service en campagne, une grande

initiative devra être laissée à l'officier commandant le détachement, car il ne peut recevoir d'ordres précis. Au général,
il appartiendra de récompenser par ses éloges et par des
citations l'officier qui aura su lui fournir les renseignements
les plus utiles et les plus précieux.

L'officier devra, cela va sans dire, inspirer une confiance
absolue à ses hommes, auxquels il aura beaucoup à demander,
et qui seront nécessairement, quelle que soit la prudence de
l'officier, constamment exposés.

On le voit, il y a là un beau rôle d'initiative, de responsabilité, de hardiesse et de prudence à jouer pour les officiers
des grades inférieurs.

Et si, pour terminer, il est permis à un simple lieutenant
d'émettre un vœu, ce serait que les deux régiments formant
la brigade attachée au corps d'armée fussent peut-être orga-
nisés d'une manière différente des régiments composant les
corps de cavalerie indépendante : c'est-à-dire soient plus
nombreux en hommes, chevaux et surtout en officiers, car
pour ce service en campagne il faudra beaucoup d'officiers
des grades inférieurs, et fatalement beaucoup seront pris,
blessés ou tués!

ARMEMENT D'UN OFFICIER EN RECONNAISSANCE

Convaincus que, dans la guerre de demain, la cavalerie aura à jouer un rôle très important, soit qu'elle agisse dans ses différents rôles de cavalerie indépendante ou de cavalerie de corps, il nous a semblé qu'il ne fallait rien négliger pour augmenter la force de son action et pour cela porter notre attention sur les moindres détails de son organisation.

Dans ce sujet d'étude, nous ne voulons nous en tenir qu'à l'objet qui nous préoccupe à première vue, et nous voulons parler spécialement de l'armement de tous ceux qui sont munis de cette arme d'un maniement si dangereux et dont le résultat est si peu efficace, c'est-à-dire le pistolet-revolver.

Si, dans cet ordre d'idées, nous envisageons ce qui se passerait lors d'une déclaration de guerre, nous voyons aussitôt notre cavalerie portée sur la frontière menacée, où elle aura à *voir*, *observer*, *courrir*, et puis enfin *sonder*, c'est-à-dire pénétrer dans les lignes ennemies, pour *renseigner* les chefs d'armée; cela, il faudra le faire par tous les moyens possibles.

Dans cette éventualité, nous considérons qu'il faut mettre entre nos mains toutes les conditions désirables de succès.

Envisageons donc, au point de vue de la cavalerie, qu'elle soit indépendante ou de corps, les débuts d'une campagne.

Aussitôt que nous serons arrivés sur notre champ d'action,

nos chefs n'auront pas une minute à perdre, et c'est alors qu'ils lanceront ces coups de sonde qui seront des reconnaissances, presque toujours lointaines, commandées par des officiers ou des sous-officiers choisis.

Suivons l'une de ces reconnaissances (qu'elle soit commandée par un officier ou un sous-officier). Son chef suivra les ordres qu'il a reçus, marchera dans la direction indiquée; il ira d'abord d'une vive allure, puis, se trouvant en contact avec l'ennemi, qui, lui aussi, aura des reconnaissances du même genre, sa marche deviendra plus flottante, plus modérée, peut-être sera-t-il même forcé de reculer pour prendre un biais. Dans tous les cas, le chef de notre reconnaissance ne doit pas perdre de vue le but de sa mission, qui consiste à obtenir des renseignements. Or, dans cette marche d'approche et de contact, s'il peut faire un prisonnier en blessant ou en démontant un ennemi, tout en tenant compte du peu de certitude d'un renseignement obtenu de la sorte, il aura toujours un jalon qui lui permettra de faire quelques pas de plus vers le but de sa mission.

Suivons toujours notre reconnaissance : soit qu'elle ait pris un biais, soit qu'elle ait pu percer les lignes avancées de l'ennemi, la nuit arrive, et son chef est forcé de l'arrêter dans une maison isolée, un bois, derrière un buisson capable de l'abriter, dans un chemin creux,... etc.

Que peut-il arriver? Que la reconnaissance, soit qu'elle ait été éventée, soit qu'elle ait été suivie à son insu, fasse l'objet, de la part de l'ennemi, d'une surprise de nuit.

Il faudra alors que, malgré tout le côté critique de la situation, son chef mette en action tous les moyens de défense qu'il peut employer ou imaginer.

Or, nous pensons que personne ne contestera le peu d'efficacité d'un combat de nuit, de jour même, lorsque l'ennemi s'attaque en nombre, fût-il même dix fois supérieur, à une troupe bien retranchée, bien abritée, et avant tout bien disciplinée. Notre reconnaissance remplira donc toutes ces conditions, de discipline surtout, par sa composition et son très faible effectif qui la met continuellement sous l'œil, sous la voix, sous le geste même de son chef.

Les deux cas que nous venons de citer nous suffiront, tout d'abord, pour exposer le but de cette étude.

Dans la première citation, notre reconnaissance est arrivée au contact; elle aperçoit une patrouille ennemie, cherche d'abord à se dissimuler à ses regards, puis observe. (*Son chef ne devra jamais perdre de vue le but de sa mission, qui n'est pas de combattre, mais de voir pour renseigner.*)

Voici donc notre patrouille en observation, bien blottie derrière l'un de ces mille accidents de terrain que l'on peut rencontrer. L'ennemi, qui n'a rien vu, ou qui a perdu de vue, continue à avancer, quand voici qu'un *imperceptible coup de feu* a retenti en même temps qu'un ennemi roule à terre ou qu'un cheval blessé refuse tout service à son cavalier démonté.

La détonation a été si faible qu'il est impossible de savoir d'où elle vient. Cet homme qui tombe ou ce cheval qui s'arrête, hélas! ou heureusement, car il faut tenir compte de la faiblesse humaine! et voilà le désarroi dans la reconnaissance ennemie; désarroi d'autant plus irrémédiable si c'est le chef que la balle aura pu atteindre.

Bien des fois le malheureux démonté ou même blessé sera abandonné et tombera au pouvoir du vainqueur de cette, pourtant, bien modeste équipée.

Or, qui a tiré cet heureux coup, si ce n'est le meilleur

tireur de notre reconnaissance, c'est-à-dire son chef, officier ou sous-officier?

Pourquoi la détonation a-t-elle été si faible que l'ennemi n'a pu en reconnaître la direction, et que cette cause a ajouté à son trouble? C'est que le chef de notre reconnaissance était armé d'une carabine très légère, véritable arme de tir et d'une précision absolue à une distance de *deux cents mètres* par exemple.

Si maintenant nous prenons notre autre exemple, nous voyons la reconnaissance sous le coup d'une surprise. Dans la nuit, la retraite est périlleuse par des chemins inconnus, et tout au moins faut-il arrêter un instant l'ennemi. Certainement, pendant cette action courte ou longue, il faudra un homme pour tenir les chevaux de notre faible reconnaissance, et pourquoi même ne se présenterait-il pas des cas où tous les hommes, tenant leurs chevaux par la bride, prendraient part au combat? Et alors, dans ce cas comme dans le premier, faudrait-il se priver d'une unité, et non des moins efficaces, parce que le chef ne serait pas armé d'une carabine ou qu'il aurait des hommes armés uniquement du revolver?

Pour arriver au but même de notre sujet d'étude, envisageons les choses à un autre point de vue et d'une façon plus étendue.

Figurons-nous une troupe de cavalerie avancée, ou couvrant les flancs, protégeant une retraite, voire même une déroute (ne faut-il pas tout envisager dans les éventualités de la guerre!). Certes, le courage et le dévouement ne manqueront pas, mais la fortune est si trompreuse! Il faut mettre dans notre main le plus d'atouts possible. Notre troupe de cavalerie avancera ou se retranchera et, selon son effectif, dans des positions plus ou moins convenables. Les cas sont identiques, qu'elle attaque ou qu'elle se défende. Envisageons pourtant ce dernier point de vue. Ce n'est pas, pourtant, que nous voulions croire un instant à la défaite : notre confiance en notre armée et dans nos chefs est trop grande pour cela, mais il faut pourtant admettre des trous à boucher, une faute ou une erreur à réparer, et, pourquoi ne pas le dire, une défaillance à relever. N'est-ce pas dans ces différentes éventualités que la cavalerie aura à jouer son rôle le plus héroïquement glorieux!

Il semble donc apparaître que, dans ces diverses circonstances, et dans la dernière par-dessus tout, il faille mettre en ligne le plus grand nombre de feux possible.

On objectera, peut-être, qu'il faut des hommes pour tenir les chevaux haut le pied. Mais faut-il donc occuper tant d'hommes, en CAMPAGNE, pour tenir des animaux dont, la plupart du temps, l'éperon et l'énergie du cavalier sont la seule avoine?

Si donc nous prenons la constitution actuelle d'un peloton, nous y trouvons, armés d'un outil, presque toujours sans emploi, un officier, un ou deux sous-officiers, un trompette, un maréchal, un ou deux sapeurs : donc, au point de vue du feu, *sept* non-valeurs sur un effectif d'environ *vingt-cinq hommes*, c'est-à-dire à peu près le *tiers*.

Si nous mettons l'officier à part et que nous considérions que deux hommes suffiraient pour tenir les chevaux, nous voyons que quatre hommes restent inutiles.

Que l'on veuille bien ne pas nous taxer d'exagération, car si nous prenons comme exemple le peloton que nous avons l'honneur de commander, nous pourrions démontrer que le nombre des hommes armés du revolver s'élève au chiffre de DIX!! Donc, pour ce peloton, *sept* non-valeurs au point de vue du feu! Ce chiffre nous semble suffisamment éloquent!

Avant de conclure, jetons un regard en arrière, et puisque, dans cette étude, nous n'envisagerons la cavalerie qu'au point de vue du feu, c'est-à-dire du combat à pied, voyons donc ce qui s'est passé dans l'infanterie.

Sous l'Empire, et, par conséquent, avant la campagne de 1870-1871, les sergents-majors et les sergents n'étaient pas armés du fusil. Après la campagne, on reconnut l'inconvénient de cette mesure et l'on donna le fusil à ces sous-officiers; plus tard, il est vrai, et uniquement pour des raisons de prestige, les sergents-majors échangèrent le fusil contre le sabre.

Puis, pour ne citer que des choses que nous connaissons *de visu*, nous parlerons pour terminer de la campagne du Tonkin.

Dans cette campagne, soit que nous ayons eu à combattre les Pavillons noirs, les grandes bandes de pirates, les irréguliers chinois ou les armées régulières de la Chine, commandées par les gouverneurs mêmes des vastes provinces du Yun-nan et du Quang-si, nous avons pu constater que, la plupart du temps, les chefs, à quelque degré de la hiérarchie qu'ils appartinssent, étaient armés d'un fusil, d'une carabine ou d'un mousqueton, et que, toute proportion gardée, *ce furent ces chefs qui nous firent éprouver le plus de pertes*.

Que l'on nous excuse si nous citons ici un fait personnel.

Nous servions alors comme sous-officier à la 1re compagnie

du 1ᵉʳ régiment de tirailleurs tonkinois, lorsque la compagnie fut désignée pour faire partie d'une colonne de toutes armes ayant pour mission d'enlever la position fortifiée de My-Luong, repaire d'un chef pirate redouté et ancien commandant de l'artillerie de Son-tay (1885).

La position fut enlevée et, dans la poursuite qui suivit, la section que nous commandions remontait, étant donnée la saison, le cours rocailleux d'un torrent à moitié desséché. Nous avions avec nous, et marchant à notre hauteur, un ingénieur minéralogiste, M. Stockers, qui se distinguait par son costume blanc, quand, à quelques mètres de nous, un coup de feu retentit et M. Stockers tomba, tué raide d'une balle dans la tête. Le boy (caporal) saïgonnais qui était à nos côtés fit aussitôt feu et eut la chance de tuer sur le coup l'auteur de la mort de notre compatriote. Nous n'eûmes pas de peine à reconnaître pour être un chef cet ennemi tué trop tard, hélas! Sa tête, tranchée comme c'était l'usage, fut promenée dans les villages environnants et reconnue pour être celle du chef de la bande, qui, bien que commandant une troupe de plus de cinq cents hommes, était armé d'une carabine, était le dernier à la retraite de sa troupe et avait le sang-froid nécessaire pour viser celui qu'il croyait être le chef d'après son costume; sans doute n'est-ce qu'à cette coïncidence que nous devons de pouvoir relater ce fait à l'appui de notre étude.

Et maintenant concluons.

Nous voudrions :

1° Voir remplacer par une carabine légère le revolver des trompettes, sapeurs et maréchaux;

2° Ajouter cette même carabine légère à l'armement des sous-officiers;

3° Que, dans chaque escadron, un certain nombre de ces

carabines fussent transportées dans les voitures pour être données aux officiers chargés d'une mission spéciale.

L'arme pouvant se charger avec la cartouche de notre nouveau revolver semble pouvoir parfaitement remplir les conditions et ne nécessiterait pas la création d'une cartouche spéciale.

Un prix trop élevé nous ayant été demandé, nous avons dû renoncer à l'expérience que nous aurions désiré faire.

Comme nous le disions au commencement de cette étude, nous n'avons voulu traiter ici que d'un détail de l'arme dans laquelle nous avons l'honneur de servir, et nous ne voudrions pas que l'on pût croire que nous fassions dédain de l'arme blanche, qui est par excellence l'arme de la cavalerie. Peut-être même ce sujet si empoignant fera-t-il pour nous l'objet d'une prochaine étude.

De la discussion, *entre camarades*, de l'idée que nous émettons d'armer l'officier en reconnaissance d'une carabine légère et de précision, il nous a été objecté que, dans un cas pressant, l'officier ou le sous-officier, le chef en un mot, pourrait se servir de la carabine et des munitions de l'un de ses hommes.

Le soldat n'est fort que par sa confiance en son chef et dans l'habileté qu'il peut avoir à se servir de ses armes.

Pourquoi donc lui enlever, dans un moment critique certainement, et, qui plus est, au moment même où l'on aura le plus besoin de lui, l'une des bases de sa confiance en lui-même?

Notre conviction est d'ailleurs tirée de l'expérience : car bien souvent nous avons remarqué que l'homme de troupe avait une répugnance très prononcée à se séparer, ne fût-ce qu'un instant, de son arme et d'une seule de ses cartouches, et nous pourrions citer des exemples de soldats se surchargeant d'une façon inconsidérée des munitions de leurs camarades tués ou laissés en arrière.

Figurons-nous un instant cet épisode héroïquement glorieux et si bien reproduit par « de Neuville », notre grand peintre militaire : nous voulons parler de la défense de Bazeilles et de *la Dernière cartouche.*

Nous en attestons les mânes du commandant Aubert! Eût-il jamais pris à l'un de ses héros, *encore valide*, son arme ou ses munitions!!

Notre étude, bien incomplète d'ailleurs, était terminée, lorsque, d'après les ordres du général commandant la 6ᵉ division de cavalerie (général de Boysson), le lieutenant-colonel Sordet, du 19ᵉ régiment de dragons, nous fit une fort intéressante conférence sur le service d'exploration.

Nous sommes heureux de pouvoir emprunter à une parole autorisée des arguments en faveur de la cause que nous plaidons.

Le lieutenant-colonel Sordet, parlant des reconnaissances d'officier, et des reconnaissances lointaines en particulier, a attiré notre attention sur leur composition. Et il nous faisait remarquer, fort judicieusement à notre humble avis, qu'il serait désirable que ces petits détachements fussent composés de spécialités, telles que : un maréchal, un sapeur, un télégraphiste.

Or, quel est actuellement l'armement réglementaire de ces spécialistes? le revolver, dont nous croyons avoir démontré la générale inutilité.

La conférence du lieutenant-colonel Sordet, moyennant une légère digression qui, pourtant, peut se rattacher à notre sujet, nous permet de parler de l'armement et de la coiffure même de nos cavaliers au point de vue des reconnaissances. Si, pour notre subdivision d'arme, en particulier, la suppression de la lance s'impose, la suppression du casque, coiffure *fort gênante pour le tir et sorte de miroir à alouettes*, ne s'impose-t-elle pas également? Du moment que, dans ces sortes d'équipées, il faut tenir compte du grand principe : VOIR SANS ÊTRE VU. Donc, ne pourrait-on pas laisser son képi au cavalier en campagne, de façon que, lorsque telle circonstance l'exige, il ait toujours cette coiffure à sa disposition? car, malgré tout le laisser-aller de la tenue, nous ne saurions admettre la calotte d'écurie comme coiffure de combat. Nos ancêtres revêtaient leurs plus belles armures, leurs plus riches uniformes aux jours de batailles : qu'il nous reste un peu de cette fierté militaire!

DE BIENCOURT,
Lieutenant au 19e dragons.

37 507. — IMPRIMERIE GÉNÉRALE LAHURE
rue de Fleurus, 9, à Paris

9 782013 676045